Sous la direction de
Patrick Hebberecht et Fritz Sack

LA PREVENTI[...] [...]ANCE

Nouvelles stratégies

Contributions de Dominique Duprez, Lech Falandysz,
Patrick Hebberecht, Valerie Johnston, Fritz Sack,
Jacqueline de Savornin-Lohman, Joanna Shapland,
Heinz Steinert

Mise au point éditoriale par Bessie Leconte (GERN)

L'Harmattan
5-7, rue de l'École-Polytechnique
75005 Paris - FRANCE

L'Harmattan Inc
55, rue Saint-Jacques
Montréal (Qc) - CANADA H2Y 1K9

Collection "Logiques Sociales"
dirigée par Bruno Péquignot
Série ***Déviance*** dirigée par Philippe Robert

La série **Déviance** a pour vocation de regrouper des publications sur les normes, les déviances et les délinquances. Elle réunit trois ensembles :

Déviance et Société qui poursuit une collection d'ouvrages sous l'égide du comité éditorial de la revue du même nom ;

Déviance-CESDIP qui publie les travaux du Centre de recherches sociologiques sur le droit et les institutions pénales ;

Déviance-GERN, enfin, qui est destinée à accueillir des publications du Groupe européen de recherches sur les normativités.

DEVIANCE/GERN

La collection *Déviance/GERN* est destinée à accueillir les publications du Groupe européen de recherches sur les normativités qui réunit des centres et des chercheurs européens travaillant sur les *normes et les déviances*.

Le GERN a déjà fait paraître, aux Editions l'Harmattan :

Robert, Ph. Ed., *Les politiques de prévention de la délinquance à l'aune de la recherche ; un bilan international*, Paris, l'Harmattan, 1991.
Robert, Ph. Ed., *Entre l'ordre et la liberté, la détention provisoire. Deux siècles de débats*, Paris, l'Harmattan, 1992.
Robert, Ph., Van Outrive, L. Eds, *Crime et justice en Europe. Etat des recherches, évaluations et recommandations*, Paris, l'Harmattan, 1993.
Robert, Ph., Sack, F. *Normes et déviances en Europe - un débat Est-Ouest ; Norms and Deviances in Europe - An East-West Debate*, Paris, l'Harmattan, 1994.

chez d'autres éditeurs :

Robert, Ph., Ed., *La création de la loi et ses acteurs. L'exemple du droit pénal*, Oñati, Institut International de Sociologie Juridique, 1991.
Robert, Ph., Emsley, C. Eds, *Geschichte und Soziologie des Verbrechens*, Pfaffenweiler, Centaurus-Verlagsgesellschaft, 1991.
Robert, Ph. Ed., *Crime and prevention Policy, Research and Evaluation*, Freiburg im Breisgau, Eigenverlag Max Planck Institut für ausländisches und internationales Strafrecht, 1993.
Robert, Ph., Van Outrive, L. Eds, *Recerca, Delinqüencia i Justicia a Europa. Avaluació i recomanacions*, Centre d'Estudis Jurídics i Formació Especialitzada, 1993.
Robert, Ph., Van Outrive, L., Shapland, J., Jefferson, T. Eds, *Research, Crime and Justice in Europe : an Assessment and Some recommendations*, Sheffield, University of Sheffield, Faculty of Law, Center for Criminological and Legal Research, 1995.

ISBN : 2-7384-5256-6

LES AUTEURS

Dominique Duprez, Chercheur au CNRS et Directeur du Laboratoire de sociologie du travail, de l'éducation et de l'emploi, Lille (France)

Lech Falandysz, Professor of Penal Law and Criminology, University of Warszawa (Pologne)

Patrick Hebberecht, Professeur de Criminologie, Universiteit Gent (Belgique)

Valerie Johnston, Research Manager, Corporate Development Unit, Oxford (Royaume-Uni)

Fritz Sack, Professor für Kriminologie, Universität Hamburg (Allemagne)

Jacqueline de Savornin-Lohman, Professor in Special Education, Universiteit Amsterdam (Pays-Bas)

Joanna Shapland, Professor of Criminology, University of Sheffield (Royaume-Uni)

Heinz Steinert, Professor für Soziologie, Johann-Wolfgang-Goethe Universität Frankfurt am Main und Direktor des Institut für Rechts- und Kriminalsoziologie in Wien (Autriche)

LES NOUVELLES FORMES DE PREVENTION EN EUROPE

Patrick Hebberecht - Fritz Sack*

Ce texte de synthèse explique comment le Groupe européen de recherches sur les normativités (GERN) a organisé, sous la direction de Patrick Hebberecht (U. Gent) et de Fritz Sack (U. Hamburg), un séminaire sur les nouvelles stratégies de prévention de la délinquance dans différents pays européens. Une lecture transversale des rapports nationaux, éclairée par les débats lors du séminaire, permet de montrer la diversité des modèles de prévention, leurs évolutions, l'importance qu'y prend toujours le niveau local (ville ou quartier), l'effort pour intégrer l'action des différents participants - justice, police, administrations étatiques ou locales, travailleurs sociaux, secteur associatif, secteur privé... -, le contenu des programmes, les relations avec la recherche, enfin, plus récemment, la montée en puissance des préoccupations sécuritaires. On tente pour finir une mise au contexte politique et socio-économique.

Plusieurs pays européens ont développé dans le courant des années 1980, un nouveau discours et de nouvelles pratiques et structures dans le domaine de la

---

* Nous tenons à remercier tout particulièrement Ph. Robert qui a relu la version finale de ce chapitre.

prévention de la criminalité. Cette réorientation de la politique criminelle en Europe a suivi un mouvement très analogue en Amérique du Nord.

Jusqu'au début des années 1990, ces évolutions n'avaient suscité que peu de réflexions comparatives de la part des chercheurs. Dès lors, nous avons organisé, grâce à un financement de la Délégation interministérielle (française) à la ville (DIV) que nous remercions ici, à la demande du Comité directeur du Groupe Européen de Recherches sur les Normativités (GERN), un séminaire sur ces nouvelles formes de prévention.

Les questions suivantes ont guidé la réflexion des participants : Quelle est l'histoire récente de ces nouveaux développements dans le domaine de la prévention de la criminalité ? Quels en ont été les fondateurs et les acteurs principaux ? De quelle façon la nouvelle conception de la prévention diffère-t-elle de l'ancienne ? Quels programmes et projets ont été élaborés dans ce cadre ? Quel rôle la police y a-t-elle joué ? De quelle façon la recherche a-t-elle été impliquée dans l'élaboration de cette nouvelle orientation ? A quels changements économiques, sociaux et politiques ces évolutions récentes correspondent-elles ?

Afin d'étoffer nos réflexions et nos discussions, des rapports ont été rédigés sur les formes nouvelles de prévention en Allemagne, en Autriche, en Belgique, en Espagne[1], en France, au Royaume-Uni, aux Pays-Bas, et en Pologne. Ce dernier pays a été choisi afin d'enrichir la comparaison entre les différents pays d'Europe de l'Ouest et un pays d'Europe de l'Est qui vivait une transition économique, sociale et politique profonde.

---

[1] Il n'a pas été malheureusement possible de disposer pour cette publication d'un texte révisé correspondant au rapport qu'avait présenté lors du séminaire Elena Larrauri (U. A. Barcelona).

La lecture transversale des rapports et la discussion entre les participants lors des séances du séminaire ont permis plusieurs constatations marquantes.

Les différents contenus du concept de prévention

En premier lieu, des contenus très différents sont donnés au concept de prévention de la criminalité. En Allemagne et en Autriche, on sous-entend, dans la majorité des cas par prévention la dissuasion pénale à la fois générale et spéciale[2]. Au Royaume-Uni, aux Pays-Bas et en Belgique, il s'agit plutôt de pratiques développées en dehors du système pénal, en vue d'éliminer les comportements criminels. En France et en Espagne (Barcelone), la prévention est élargie à des politiques sociales. Au lieu de définir nous-mêmes ce qu'on doit entendre par prévention de la criminalité, il nous semble plus fructueux, d'un point de vue scientifique, de se poser la question de savoir dans quel contexte politique, par quels acteurs, avec quelles stratégies et dans quels buts, certaines pratiques ont été développées sous cette dénomination.

Mais pour des raisons aussi bien descriptives que théoriques, il nous semble indispensable de faire la distinction entre différents contenus donnés au concept de

---

2 Plus encore que celle de l'Autriche, la situation allemande est caractérisée par une lourde hypothèque historique qui atteint les forces de sécurité et fait ressentir comme dangereuse toute prise d'autonomie de la police. Quelques historiens parlent d'une voie allemande spécifique (*Deutscher Sonderweg*), en se référant au retard de l'évolution vers la démocratie et l'Etat de droit. On hésite donc à parler de prévention de la délinquance hors des voies du droit pénal, cependant des dispositifs sociaux, économiques ou politiques de prévention n'y sont pas inconnus, mais on estime qu'ils appartiennent à un ordre différent.

prévention de la criminalité. Une première distinction s'impose entre la dissuasion (la prévention indirecte à travers le fonctionnement du droit pénal) et la prévention (la prévention directe *via* des pratiques extra-pénales). Il est également souhaitable de distinguer la prévention directe de la politique sociale. Parmi les pratiques extérieures au système pénal, une distinction doit être faite entre la prévention de victimation et celle du passage à l'acte d'autre part. Il est également important d'être conscient que certaines pratiques de prévention sont plutôt de nature situationnelle ; elles cherchent à éviter la victimation par des mesures techno-préventives et de contrôle social, tandis que d'autres sont plutôt de nature sociale ; elles visent à éviter le passage à l'acte et la victimation par des mesures plus structurelles.

Le développement de politiques nationales de prévention

Différentes nouvelles formes de pratiques de prévention ont été développées à la fin des années 1970 et au début de la décennie suivante. Leurs fondateurs sont différents dans les pays du Nord et du Sud.

Au Royaume-Uni, aux Pays-Bas et en Belgique, certains responsables de corps de police réorientent et élargissent leur intervention et leur champ d'action au domaine de la prévention de la criminalité. Face à une augmentation de la petite et moyenne délinquance et du sentiment d'insécurité face à une diminution du taux d'élucidation, des officiers de police de ces trois pays élaborent une politique plus proactive que réactive. Une perte de légitimité (surtout de la part des couches de la classe moyenne) et la concurrence d'un marché florissant de sécurité privée les mènent à donner une orientation plus techno-préventive et situationnelle à la prévention de la criminalité. En outre, on parle de plus en plus du poids des incivilités et des comportements infra-pénaux sur le sentiment d'insécurité. Tout ce courant de pensée se situe dans la lignée de l'article célèbre de J.P. Wilson et G.L. Kelling (1981) sur les *fenêtres brisées*[3].

Interpellés par des associations de victimes et par des demandes de sécurité d'une partie de l'opinion publique, influencés par ces nouvelles initiatives policières, les gouvernements du Royaume-Uni, des Pays-Bas et de la Belgique développent, au milieu des années 1980, une structure et une politique de prévention de la criminalité. Il est important de souligner qu'à ce moment-là les gouvernements de ces trois pays sont, à différents niveaux, influencés par un néo-libéralisme économique, voire un démantèlement de l'Etat-providence.

Le *Home Office* au Royaume-Uni et le ministère de la Justice aux Pays-Bas élaborent, dans une approche interdépartementale avec d'autres ministères, une politique de prévention plutôt techno-préventive et situationnelle pour la petite et moyenne délinquance. Le gouvernement Thatcher au Royaume-Uni évite pour des raisons politiques de collaborer avec les autorités publiques locales, en majorité, aux mains des travaillistes. Le gouvernement conservateur réalise sa politique de prévention par le biais d'organismes privés qui ont une implantation locale (*Crime Concern*, *Nacro*...)[4].

Aux Pays-Bas, le maire joue un rôle très important dans la réalisation de la politique gouvernementale de prévention.

En Belgique, la politique de prévention de la criminalité est instaurée, à partir de 1985 par les autorités

---

[3] Kelling annonce la prochaine parution d'un ouvrage expliquant la chute de la délinquance à New York par une stratégie inspirée de la théorie des *fenêtres brisées*.

[4] Voy. Walklate (1996) qui montre que le *Community Policing* d'origine américaine a trouvé en Grande-Bretagne son plus fort impact européen avec le développement des associations de surveillance du voisinage (jusqu'à 115 000 *Neighbourhood Watches* en 1994).

provinciales et dès 1990 par les bourgmestres. C'est le ministre de l'Intérieur fédéral qui joue le rôle moteur dans le développement de la politique gouvernementale de prévention. Il semble en aller de même maintenant en Allemagne.

Les polices dans les pays d'Europe du Sud n'ont pas joué le même rôle novateur dans le domaine de la prévention de la criminalité qu'au Royaume-Uni, aux Pays-Bas et en Belgique.

En France et dans d'autres pays d'Europe du Sud, les autorités publiques locales ont été les fondateurs de nouvelles pratiques de prévention pour la petite et moyenne délinquance. La nouvelle politique était surtout d'orientation sociale. En France, la commission Bonnemaison, - les maires de différentes villes y siégeaient -, a développé les grandes axes d'une politique de prévention. Celle-ci a été reprise par le gouvernement : le Premier Ministre en était directement responsable.

Dans d'autres pays d'Europe du Sud, quelques villes (par exemple Barcelone) où l'autorité publique locale était aux mains d'une majorité d'élus socialistes, ont développé une politique de prévention, sans que les gouvernements nationaux aient pris d'initiatives.

En Allemagne, les nouvelles pratiques techniques et situationnelles de prévention de la criminalité ne seront développées qu'à la fin des années 1980 et en moindre mesure qu'au Royaume-Uni, aux Pays-Bas ou en Belgique. Les réticences et l'opposition d'une partie de l'opinion publique à l'encontre des pratiques policières développées dans la lutte contre le terrorisme et la criminalité politique des années 1970 expliquent, pour une grande partie, le développement plus lent des nouvelles formes de prévention policière en Allemagne. Compte tenu de la compétence des *Länder* en matière policière, le gouvernement fédéral ne développera pas de politique nationale. Ce n'est qu'à la fin des années 1980 que des villes de quelques *Länder* allemands élaboreront des politiques locales.

Si l'Autriche semble rester à l'écart du mouvement - sauf en matière de délinquance politique - la Pologne présente un cas très particulier. Le manque de moyens de l'Etat, l'accroissement rapide de la délinquance, le sentiment diffus d'insécurité ont conduit à rechercher n'importe quel moyen de combattre le crime. Faut-il y voir un avant-goût de ce à quoi conduiront la mondialisation économique et le démantèlement social ?

L'importance du niveau local

Un fait très marquant dans les nouvelles politiques de prévention des années 1980 des pays d'Europe de l'Ouest, aussi différentes que soient leurs orientations, est que le niveau local (ville, commune, quartier) est considéré comme le plus apte pour la mise en oeuvre. Dans plusieurs pays, l'autorité publique locale joue un rôle dans la politique de prévention. A l'exception du Royaume-Uni, dans les pays comme la France, les Pays-Bas, la Belgique, où une politique nationale de prévention a été développée, le maire ou bourgmestre est désigné comme l'autorité responsable de l'élaboration d'une politique locale de prévention, dans laquelle toutes sortes de projets et d'efforts doivent être coordonnés et intégrés.

Dans d'autres pays comme l'Espagne, les maires de quelques grandes villes ont eux-mêmes pris cette responsabilité.

Afin de mener cette tâche à bien, le maire en France et le bourgmestre en Belgique sont aidés par un conseil de prévention où siègent, selon le pays, des élus locaux, des responsables policiers, des responsables d'administrations locales et des membres de toutes sortes d'associations.

En Allemagne aussi, la prévention est communale mais la police y exerce un rôle matériel et elle organise les conseils de prévention.

Son localisme constitue probablement le trait marquant de la nouvelle prévention. Pour les spécialistes nord-américains en tout cas, le *Community Policing* peut conduire à une profonde restructuration du contrôle social. Mais cette "mobilisation de la population" peut remettre en jeu le monopole d'Etat et de la force. D'où la place décisive - et controversée - des débats sur les modèles d'implication de la population.

Une politique intégrée de la prévention

Un autre fait marquant est le caractère intégré de ces politiques aussi bien au niveau national que local. Au Royaume-Uni, aux Pays-bas et en France, une intégration entre politiques de différents départements gouvernementaux est recherchée au niveau national sous l'égide du *Home Office* au Royaume-Uni, du ministère de la Justice aux Pays-Bas et du Premier Ministre en France.

Au niveau local, une intégration est poursuivie entre différentes politiques locales (policière, sociale, d'habitat...) afin de prévenir la criminalité et de réduire le sentiment d'insécurité. Cet effort d'intégration est, dans la plupart des pays, mené à bien par le maire. Cela est moins vrai au Royaume-Uni.

Le caractère intégré des politiques de prévention implique l'instauration d'un partenariat pour l'élaboration et la réalisation des programmes et projets de prévention. Dans la plupart des cas, il s'est installé entre la police, les services administratifs, les services sociaux, les écoles, des dispositifs d'aide sociale, les associations d'habitat, la protection de la jeunesse... Le Royaume-Uni et les Pays-Bas ont tenté d'associer le monde économique privé à ce partenariat.

La coopération inter-institutionnelle pose souvent des problèmes assez délicats, notamment entre la police et les services sociaux. Parfois, elle signifie seulement un contrepoids public à la participation sociale aux activités de prévention.

Dans les pays européens qui ont développé une politique nationale de prévention, un nouveau rapport s'est instauré entre les pouvoirs central et local. En France, en Belgique et aux Pays-Bas, une politique de contractualisation avec le pouvoir local s'est développée : le pouvoir central y joue le rôle d'un animateur. Au Royaume-Uni, cette politique de contractualisation a été menée avec des associations comme *Crime Concern*, *Nacro...*

Les projets de prévention

Quand nous examinons de près le contenu des projets de prévention, nous constatons que dans les pays comme le Royaume-Uni, les Pays-Bas, la Belgique, l'Allemagne et l'Autriche une majorité de projets a une orientation techno-préventive et situationnelle. Il faut noter en outre l'intensification des campagnes de publicité en faveur de la prévention. Le but principal est de prévenir des victimations comme le cambriolage, le vol de voiture et de bicyclette, le vol dans les voitures et le vandalisme. Des projets d'orientation techno-préventive sont, dans la majorité des cas, menés par les services de police et se situent dans le cadre d'une responsabilisation du citoyen pour sa propre sécurité.

Par ces projets, la police essaie d'informer les citoyens sur les différentes mesures de protection qu'ils peuvent prendre afin de prévenir une victimation ou de réduire les dommages en cas de victimation. A cette fin, des bureaux de prévention ont été installés au sein des services de police : les victimes (potentielles) peuvent s'y procurer des avis de techno-prévention. Plus proactivement, des services de police organisent des stands d'information à l'occasion de grands rassemblements publics (foires commerciales...) et tiennent des conférences à la demande d'associations. Dans ce cadre, la police collabore également avec des associations d'habitat (social).

Au Royaume-Uni, aux Pays-Bas et en Belgique essentiellement, la police a élargi son domaine d'intervention préventive en organisant au niveau des quartiers (principalement de classes moyennes) des actions d'observations de quartier avec l'appui des habitants. Ceux-ci sont tenus de signaler, à la police en cas d'urgence ou par le biais de responsables de rue, des situations et personnes suspectes. En Allemagne, on espère rapprocher la police de la population en remplaçant les rondes motorisées par des patrouilles à pied.

Par ces projets, les policiers tentent d'améliorer la relation et la communication entre la police et la population en réagissant le plus vite possible à des incidents et en augmentant le taux d'élucidation par l'information qu'ils peuvent récolter auprès des habitants du quartier où l'acte criminel a été accompli[5]. L'augmentation du contrôle social informel est également un but affirmé.

Dans ces pays, d'autres projets de prévention situationnelle ont été menés afin d'augmenter le contrôle social fonctionnel. A cette fin, plusieurs projets ont prévu la présence de concierges, de toutes sortes de vigiles dans des centres commerciaux, dans les foires...

Ces projets de prévention d'orientation techno-préventive et situationnelle ont été plus ou moins absents dans les pays d'Europe du Sud. Par contre, dans ces pays plus de projets de prévention sociale ont été développés. Dans une moindre mesure, ceci a également été le cas dans des pays européens du Nord et du Centre. Surtout dans le cadre de ces projets, la formule du partenariat a été développée. Ces projets étaient surtout mis sur pied dans des quartiers défavorisés et ils visaient à la réinstallation de la vie sociale dans ces quartiers par des politiques de formation, d'emploi, de rénovation urbaine et d'aide sociale.

---

5 Des recherches ont jeté un doute sur l'efficacité de ces mesures, du moins en ce qui concerne la sécurité objective.

Par des projets de travail social de rue, un passage à l'acte par des jeunes de ces quartiers était prévenu. Dans une moindre mesure, ce type de prévention a également été développé dans des pays comme le Royaume-Uni, les Pays-Bas et la Belgique. La dimension structurelle de ces projets était moins soulignée. L'accent était mis sur un contrôle plus strict des populations jeunes à risque de ces quartiers.

La prévention et la recherche

Au Royaume-Uni, aux Pays-Bas, en Belgique et en France, l'élaboration et la réalisation des politiques de prévention ont été soutenues par de nouveaux instituts gouvernementaux : *Crime Prevention Unit* du *Home Office* au Royaume-Uni, *Directie Criminaliteits-preventie* aux Pays-Bas, le *Secretariat permanent pour la prévention de la criminalité* en Belgique et la *Délégation interministérielle pour la ville* en France. Ce phénomène s'est également produit au niveau d'une ville comme Barcelone où la *Direccio de programmes de prevencio* a été installée.

Ces centres gouvernementaux ont associé à leurs recherches plusieurs groupes de recherches universitaires qui, dans la plupart des cas, se sont inscrits sans critiques dans la logique de la politique gouvernementale en matière de prévention de la criminalité. Ce qui explique en partie le peu de recherches (évaluatives) critiques[6] de la politique de prévention de la criminalité dans ces pays.

---

[6] On peut relever cependant quelques voix critiques mais peu entendues : en 1987, A.H. Willmoare parlait de *contre-révolution préventive* ; D.H. Bayley (1994, chap. 6) met en garde contre la tendance de la nouvelle prévention à casser l'équilibre délicat des rapports Etat/société, Crawford (1996) - qui a travaillé sur les modèles de mobilisation de la population dans les programmes préventifs - a mis en garde contre un usage abusif de *Community*.

D'une politique de prévention à une politique de sécurité

A la fin des années 1980, dans plusieurs pays comme la France, le Royaume-Uni, les Pays-Bas et la Belgique, la politique de prévention a été infléchie dans une direction plus sociale.

En France, la politique de prévention fait désormais partie intégrante d'une politique de la ville. Au Royaume-Uni, la politique de prévention est plus axée sur les quartiers défavorisés des grandes villes. Avec l'entrée des sociaux-démocrates dans les gouvernements des Pays-Bas et de la Belgique, la politique de prévention reçoit également une orientation plus sociale. Aux Pays-Bas, la politique de prévention est associée à une politique de rénovation sociale (*Sociale Vernieuwing*) dans les villes hollandaises. Le ministre de l'Intérieur (social-démocrate) joue maintenant un rôle important dans l'élaboration de la politique de prévention. En Belgique, le nouveau ministre de l'Intérieur (également social-démocrate) réoriente la politique de prévention vers des projets dans les quartiers défavorisés.

Cet infléchissement de la politique de prévention dans une direction plus sociale ne sera que de courte durée. Dans le courant des années 1990, les politiques de prévention de la criminalité se transformeront en politiques de sécurité qui viseront plutôt à réduire le sentiment d'insécurité de la population. Dans ce même mouvement, la prévention de l'usage des drogues illicites fera de plus en plus partie de cette nouvelle politique de sécurité.

Politique de prévention et transformations économiques, sociales et politiques

Pour une bonne appréciation des politiques de prévention qui ont été développées dans plusieurs pays européens dans le courant des années 1980 et 1990, il est nécessaire d'être conscient qu'elles allaient de pair avec le développement d'une politique criminelle de plus en plus répressive. Dans plusieurs pays, le nombre de détenus provisoires a fortement augmenté, des peines de privation de liberté plus longues ont été prononcées par les juges... Dans plusieurs cas, l'arsenal répressif a été étendu.

Le marché privé de la sécurité s'est également fortement développé. Grâce à de nouveaux moyens de surveillance, d'informatisation et de télécommunication, les polices d'Europe ont intensifié leurs politiques traditionnelles de prévention répressive et dissuasive dans des quartiers et envers des populations définies par elles comme étant à problèmes et à risques. Elles ont rendu plus efficaces leur surveillance et contrôle.

Les politiques de prévention, quelles que soient leurs orientations, sont des réponses des autorités publiques de différents niveaux (national, fédéral, local...) aux transformations profondes de la société et de l'Etat causées par l'internationalisation du capital et par les restructurations économiques qui en découlent[7]. La fin de la guerre froide, l'effondrement des pays communistes ont accéléré ce processus de primauté de l'économique sur le politique et le social. Une tyrannie économique règne partout[8]. Les transformations de la société se manifestent dans la nouvelle question sociale et dans un *individualisme négatif* (R. Castel) qui se posent d'une façon plus pressante dans les villes européennes. Par une dualisation sociale de plus en plus grande, des groupes sociaux sont de plus en plus marginalisés. Dans les stratégies de survie, la délinquance joue de plus en plus un rôle important. Elle est en partie stimulée par le développement d'une économie souterraine.

A cause d'une politique économique néo-libérale, les autorités publiques interviennent de moins en moins dans

---

[7] Analyse stimulante *in* Johnston (1995).

[8] En travaillant à leur "modernisation", les pays ex-socialistes ont atteint, selon Offe (1994) qui parodie un dicton polonais, un point où *le tunnel (est) au bout de la lumière.*

l'économie et le social. Certaines, de tendance social-démocrate, ont, surtout par le discours, essayé de freiner ces processus de marginalisation qui mènent à la victimation et au passage à l'acte criminel. Dans la plupart des cas, les autorités publiques ont essayé par des politiques, - d'abord nommées de prévention et ensuite de sécurité -, de diminuer les risques de victimation en facilitant, principalement aux classes moyennes, l'accès aux moyens de protection disponibles sur le marché privé de la sécurité et en stimulant et en organisant, auprès de ces groupes, la prise en charge de leur propre sécurité. Le bien collectif de la sécurité risque ainsi d'être lentement transformé en un bien privé.

La police a joué un grand rôle dans cette stratégie d'Etat.

D'autres projets s'orientent vers la partie récupérable des groupes marginalisés en les contrôlant et en les rendant moins visibles et moins capables de causer des incivilités et actes criminels.

Les politiques de prévention et de sécurité ont contribué à criminaliser des situations et des groupes à problèmes. Des problèmes sociaux sont définis par ces politiques comme des problèmes de criminalité et d'insécurité. Par le partenariat, d'autres instances officielles et associations sont amenées à adapter leur mode d'intervention à cette vision des problèmes. Dans certains pays, comme la France, la Belgique et récemment les Pays-Bas, la montée politique de l'extrême-droite a encore plus accentué cette orientation sécuritaire des problèmes sociaux. Dans d'autres pays comme l'Allemagne, des attentats contre les étrangers et les immigrés ont suscité des mesures préventives contre l'immigration et les réfugiés.

NEW FORMS OF PREVENTION IN EUROPE

Patrick Hebberecht and Fritz Sack

This text is an account of a seminar, organized by the Groupe européen de recherches sur les normativités (GERN) and headed by Patrick Hebberecht (U. of Gent) and Fritz Sack (U. of Hamburg) on new strategies for the prevention of crime in different European countries. A transverse reading of national reports, further enlightened by the discussions held during the seminar, shows great variety in the prevention models and their evolution, constant reliance on the local (town or neighbourhood) level, efforts to integrate the action of various participants - the justice system, police, state and local administrations, social workers, citizens' groups, the private sector, etc - the contents of programmes, the relations with research, and last and most recently, the growing concern about security. An attempt to situate these elements in the political and socio-economic context closes the paper.

Several European countries have developed new discourse and new practices and structures with regard to crime prevention in the 1980s. This change in orientation of crime-related policy in Europe came close on the heels of a very similar trend in North America.

Until the early 1990s, these trends did not elicit much comparative analysis among scholars. This led us to organize a seminar, at the request of the executive board of the Groupe

Européen de Recherche sur les Normativités (GERN), on these new forms of prevention, funded by the French Délégation interministérielle à la ville (DIV), to which we extend our thanks.
The following questions guided the participants in their work : What is the recent history of these new developments in the field of crime prevention ? Who were the founders and the main actors ? How does the new conception of prevention differ from the previous one ? What programmes and projects have been developed in this framework ? What role has the police played in this ? How has research been involved in the establishment of this new orientation ? To what economic, social and political changes do these recent modifications correspond ?
To provide material on which to reflect and debate, reports were written on new forms of prevention in Germany, Austria, Belgium, Spain[1], France, Great Britain, the Netherlands and Poland. The latter country was chosen so as to enrich the comparison between various Western European countries with findings from an Eastern European country going through a period of major economic, social and political change.

Transverse reading of the reports and discussion among participants during the seminar sessions uncovered several salient points.

Differing Contents of the Concept of Prevention

First of all, the concept of crime prevention covers a considerable variety of contents. In Germany and Austria, what is implied by prevention in most cases is penal dissuasion, both general and special[2]. In Great Britain, the Netherlands and

[1] Unfortunately, the revised text corresponding to the report delivered to the seminar by Elena Larrauri (U. A. Barcelona) was not yet available at the writing of the present paper.

[2] Even more than in Austria, the Germany situation is characterized by the heavy historical heritage weighing on the security forces, and which makes people extremely wary of any independent police action. Some historians

Belgium, there tend to be practices developed outside of the criminal justice system and aimed at eliminating criminal behaviour. In France and Spain (Barcelona), prevention is extended to social policies. Instead of giving our own definition of what is meant by crime prevention, we feel it is more fruitful, scientifically speaking, to investigate how certain practices have been developed - in what political context, with what actors, strategies and purposes - under that particular label.

But for both descriptive and theoretical reasons, it is essential to establish a distinction between the different contents placed under the heading of crime prevention. The first, obvious distinction is between dissuasion (indirect prevention through the criminal justice system) and prevention (direct prevention through non-penal practices). It is also preferable to distinguish between direct prevention and social policy. Those practices that are external to the criminal justice system should be broken down into prevention of victimization and prevention of the acts themselves. It is also important to realize that some prevention practices tend to be situational : they attempt to avoid victimization through technical preventive measures and social control, whereas others are of a more social nature, and aim at avoiding criminal acts and victimization through more structural measures.

Development of National Prevention Policies

In the late 1970s and early 80s, a variety of new forms of prevention practices were developed. Their founders were different in the northern and southern countries.

In Great Britain, the Netherlands and Belgium, some police department officials reoriented and extended police

---

speak of a specific German path (*Deutscher Sonderweg*), referring to its slow evolution towards democracy and the rule of law. One is reluctant to speak of crime prevention, then, outside of the criminal law channels ; it is not that social, economic and political preventive arrangements are not unknown, but they are felt to belong a different sphere.

interventions and field of action to the prevention of crime. With the growth of petty and moderately serious crime, and the rising feeling of insecurity in the face of declining elucidation rates, police officers in these three countries designed a policy that tended to be proactive rather than reactive. A loss of legitimacy (especially in the eyes of the middle classes) and competition from the flourishing private security sector led them to orient crime prevention towards more technical and situational solutions. Furthermore, there was increasing talk of the impact of incivilities on growing feelings of insecurity. This whole way of thinking follows the lines of a famous article written by J.P. Wilson and G.L. Kelling (1981) on broken windows[3].

In the mid 80s, the governments of Great Britain, the Netherlands and Belgium, under pressure from associations of victims and demands by a fraction of public opinion for more security, and influenced by these new police initiatives, developed a structure and policy for crime prevention. It is important to stress the fact that at that particular time the governments of those three countries were affected, to varying extents, by neo-conservatism, even to the point of dismantling the Welfare State.

The Home Office in Great Britain and the ministry of Justice in the Netherlands, in collaboration with other ministries, designed preventive policies with a predominantly technical, situational orientation, for petty and moderately serious crime. For political reasons, the Thatcher government in Great Britain managed not to collaborate with the local authorities, which were mainly controlled by Labour. The Conservative government's prevention policy called on private, locally implanted agencies (Crime Concern, Nacro, etc.)[4] .

In the Netherlands, the mayor plays an extremely important role in the implementation of governmental prevention policy.

---

[3] Kelling has announced a forthcoming book explaining the drop in crime in New York by a strategy inspired by the *broken window* theory.

[4] See Walklate (1996), who shows that the impact, in Europe, of American-

In Belgium, the crime prevention policy was set up in 1985 by the provincial authorities, and starting in 1990 by the burgomasters. The federal ministry of the Interior plays the main role in developing the government's prevention policy. The same seems to be true in present-day Germany.

In southern Europe the police forces have not played the same innovative role in crime prevention as they have in Great Britain, the Netherlands and Belgium.

In France and other southern European countries, it was the local authorities that initiated new practices aimed at preventing petty and moderately serious crime. The new policy was predominantly social in its orientation. In France, it was the Bonnemaison commission - of which the mayors of a number of cities were members - that drew the guidelines for preventive policy. The latter, making the prime minister directly responsible, were adopted by the government.

In other southern European countries, some cities (Barcelona, for instance) in which the local government was in the hands of a socialist majority, developed a prevention policy without being spurred to do so by the national government.

In Germany, the new technical and situational crime prevention practices were not developed until the late 1980s, and even then, less so than in Great Britain, the Netherlands and Belgium. The reluctance of a portion of public opinion and its opposition to the police practices developed in fighting terrorism and political crime in the 70s mostly account for the slower development of new forms of police-based prevention in Germany. The federal government did not develop any national policy, since the Länder have extensive competency in policing matters. Only in the late 80s did the cities in some German Länder established local policies.

While Austria seems to have been an exception to this movement - except with respect to political crime - the situation in Poland is quite unusual. The State's financial difficulties as well as the rapid rise in crime and diffuse feelings of insecurity have led to an attempt to combat crime by any means whatsoever. Is this a preview of the outcome of the global economic system and the dismantlement of welfare systems ?

Importance of the Local Level

One salient point in the new preventive policies of Western European countries in the 1980s, however different their orientations, is that the local level (the city, district or neighbourhood) is viewed as best for its implementation. In several countries, the local administration plays a role in prevention policy. With the exception of Great Britain, in countries such as France, the Netherlands and Belgium in which a national prevention policy has been developed, the mayor or burgomaster is designated as the authority in charge of designing a local prevention policy, within which all sorts of projects and efforts are to be coordinated and integrated.

In other countries such as Spain, the mayors of some large cities have shouldered this responsibility on their own initiative.

The French mayors and Belgian burgomasters are assisted in this task by a prevention council, attended variously by local elected officials, high-ranking police officers, heads of local administrations and members of all sorts of associations.

In Germany too, prevention functions on a district level, but the police is materially in charge and organizes prevention boards.

Localism is probably the most salient feature of this new prevention policy. North American specialists, in any case, view Community Policing as a way of thoroughly restructuring social control. But this "mobilization of the population" may be detrimental to the State monopoly of force. Whence the decisive - and controversial - place of discussions on how to involve the population.

An Integrated Prevention Policy

Another salient point is the integrated nature of these policies, both at the national and local levels. In Great Britain, the Netherlands and France, there is an attempt by the national government to integrate the policies of various governmental departments, through the Home Office in Great Britain, the ministry of Justice in the Netherlands, and the prime minister in France.

At the local level, integration of the different local policies (policing, social, housing, etc.) is pursued so as to prevent crime and reduce feelings of insecurity. This effort at integration is generally orchestrated by the mayor in most countries, but less so in Great Britain.

The integrated character of prevention policies implies that a partnership be set up for the development and implementation of prevention programmes and projects. In most cases it includes the police, administration, social services, schools, social aid agencies, organizations concerned with housing and with protecting young people, etc. Great Britain and the Netherlands have attempted to include private firms in this partnership.

Inter-agency cooperation often raises rather delicate problems, particularly when the police and social work agencies are involved. Sometimes it simply means that the public sector counterbalances social participation in prevention activities.

In those European countries where a national prevention policy has been developed, relations between the central and local authorities have changed. In France, Belgium and the Netherlands, contracting-out to the local level has been developed : the central government acts more as a facilitator. In Great Britain, contracting-out involves associations such as Crime Concern, Nacro, etc.

Projects for Prevention

Close examination of the contents of projects for prevention in countries such as Great Britain, the Netherlands, Belgium, Germany and Austria shows that most of the projects are technically and situationally oriented. Furthermore, advertising campaigns on prevention have been intensified, the main purpose being to prevent crimes involving victimization such as housebreaking, thefts, auto larceny and vandalism. Technically oriented preventive projects are mostly conducted by police departments and are part of the tendency to make citizens take greater responsibility for their own security.

Through such projects, the police try to inform citizens about the various protective measures they may take to avoid being a victim and to reduce their losses if they are victimized. To do so, prevention bureaus are set up in police departments : the (potential) victims may obtain advice on technical prevention. More proactively, police departments organize information booths during public gatherings (trade fairs, etc.) and give lectures to clubs that request them. Similarly, the police also collaborates with (social) housing associations.

It is mostly in Great Britain, the Netherlands and Belgium that the police has extended its preventive interventions by organizing local neighbourhood watch action, essentially in middle class areas, with the support of the inhabitants. The latter are required to report any suspicious situations or individuals to the police in case of an emergency or through street officers. In Germany, it is hoped that having the police patrol on foot rather than in cars will bring them closer to the population.

Through these projects, police departments are attempting to improve their relations and communication with the population by reacting as quickly as possible to incidents and by improving the clearance rate by gathering information from people living in the neighbourhood in which a crime is committed[5]. Enhanced informal social control is also an admitted goal.

In these countries, other situational prevention projects have been conducted so as to improve functional social control. Several projects of this sort plan for doorkeepers, all sorts of watchguards in shopping centre and fairs, etc.

Such technical and situational prevention projects have hardly seen the light in southern European countries. Conversely, these countries have developed more social prevention projects. To a lesser extent, this is also true of northern and central European countries. It is mainly in the framework of these projects that partnerships have been developed. Most such projects were set up in underprivileged neighbourhoods, and aimed at revivifying social life in these areas through training, employment, urban renovation and social aid policies. The idea was that street social work projects would prevent young people in these neighbourhoods from committing crime. This type of prevention has also been developed in countries such as Great Britain, the Netherlands and Belgium, but to a lesser degree. Emphasis there was not placed as much on the structural dimension of these projects as on a stricter control of the young, at-risk population of these areas.

Prevention and Research

In Great Britain, the Netherlands, Belgium and France, support for designing and implementing prevention policies came from new government agencies : the Home Office's Crime Prevention Unit in Great Britain, Directie Criminaliteits-preventie in the Netherlands, the Secrétariat Permanent pour la prévention de la criminalité in Belgium and the Délégation interministérielle pour la ville in France. The same phenomenon may be seen in a city like Barcelona, where the Direccio de programmes de prevencio was set up.

---

[5] Research has shown the efficiency of these measures to be dubious, at least where objective security is concerned.

For their investigations, these government centres have linked up with several university research groups, most of which have uncritically accepted the logic underlying government crime prevention policy. This partially explains why there is so little critical[6] research evaluating crime prevention policies in these countries.

From Prevention to Security

In the late 1980s, prevention policies tended to be increasingly social in countries such as Great Britain, the Netherlands, Belgium and France.

In France, prevention became an integral part of urban affairs policies. In Great Britain, prevention policy focused predominantly on the underprivileged areas of the large cities. When the social democrats entered the governments of the Netherlands and Belgium, prevention policies also became more socially oriented. In the Netherlands, the prevention policy was linked to a social renovation policy (Sociale Vernieuwing) for Dutch cities. The minister of the Interior (a social democrat) then played a key role in designing prevention policy. In Belgium, the new minister of the Interior (also a social democrat) reoriented prevention policy towards projects for the underprivileged neighbourhoods.

This more social turn in prevention policy was to be short-lived. As we advanced into the 1990s, crime prevention policies were transformed into security-minded policies aimed predominantly at calming popular feelings of insecurity. At the

---

[6] There have been a few critical voices, however, but these have received little attention : in 1987, A. H. Willmoare spoke of the *preventive counter-revolution* ; D. H. Bailey (1994, chap. 6) warns about the new prevention's tendency to throw the delicate balance in relations between the State and society out of keel. Crawford, who has worked on the models for population mobilization in preventive programmes, warns about abusive use of *Community*.

same time, prevention of drug abuse increasingly became a part of this new security policy.

Prevention Policies and Economic, Social and Political Transformations

Proper understanding of the prevention policies developed in several European countries in the course of the 1980s and 90s, demands the awareness that they went hand in hand with the introduction of increasingly repressive criminal justice policies. In several countries, the number of prisoners in pre-trial detention rose sharply, judges meted out longer unsuspended prison sentences, etc. In several instances, new types of punishment were introduced.

The private security market also developed considerably. The new computer and long distance communication techniques, applied to surveillance, enabled the European police departments to intensify their traditional punitive and dissuasive prevention policies in those neighbourhoods and towards those target populations defined by them as "problems" or "at-risk". The efficiency of their surveillance and control was improved.

Irrespective of the orientation of prevention policies, they constitute the response of public authorities at various levels (national, federal, local, etc) to the deep-seated societal and State-based transformations entailed by the internationalization of capital and the ensuing economic restructurations[7] . The end of the cold war and the breakdown of the communist countries have accelerated the process by which the economic sphere gained primacy over the social and political spheres. The tyranny of the economy reigns everywhere[8]. Societal transformations are seen in both the new social question and the negative individualism (in R. Castel's terms) that weigh more

---

[7] A stimulating analysis may be found in Johnston (1995).

[8] In their attempts to "modernize", the ex-socialist countries have reached a point at which *the tunnel (is) at the end of the light*, according to Offe (1994), who parodies a Polish saying.

and more heavily on European cities. As society becomes increasingly two-tiered, entire social groups are marginalized. Delinquency is more and more important in strategies for survival, and is partially stimulated by the development of an underground economy.

Because of their neo-conservative economic policy, governments are continuously restricting their intervention in economic and social life. Some officials - social democrats - have attempted - verbally, for the most part - to prevent the marginalization process leading people to commit crime, and producing victims. In most cases, the policies (originally termed preventive and then security-oriented) adopted by these authorities in their attempt to reduce the risk of victimization have aimed at facilitating access - essentially by the middle classes - to the protective devices available on the private security market, and stimulating and organizing these groups so that they will take charge of their own security. The risk, here, is that security as a collective weal will gradually be turned into a private possession.

The police has played a major role in this State strategy.

Other projects are aimed at the recoverable fraction of marginalized groups, by controlling them and making them less capable of causing incivility and criminal acts.

Prevention and security policies have contributed to the criminalization of problem situations and groups. Social problems are defined by these policies as problems of crime and insecurity. Partnership with other official agencies and private associations has led the latter two to adjust their mode of intervention to this vision of what is wrong. In some countries such as France, Belgium and recently the Netherlands, the rising popularity of the extreme right wing has further accentuated this security-centred view of social problems. In other countries such as Germany, terrorist acts against foreigners and immigrants have produced preventive measures against immigration and refugees.

THE UNITED KINGDOM AND THE NEW PREVENTION

Valerie Johnston - Joanna Shapland

Ce rapport présente d'abord les principaux acteurs de la prévention de la délinquance au Royaume-Uni : le gouvernement, à la fois comme financier, comme animateur et comme lieu de recherche et d'évaluation ; les collectivités locales ; la police ; le secteur associatif ; le secteur privé. Puis il s'attache à décrire le contenu des programmes en distinguant ce qui relève de l'action situationnelle ou de l'action sociale, ou encore ce qui est ciblé sur les victimes (potentielles) ou sur les auteurs (possibles). La dernière partie est consacrée à l'évaluation des résultats obtenus en insistant notamment sur les questions de méthode.

This report first presents the main actors in crime prevention in the United Kingdom : the government, as both funder, facilitator and locus of research and evaluation ; local communities ; the police ; citizens' groups ; the private sector. It then describes the content of the programmes, with a distinction between situational interventions and social action, and again, (potential) victim-targeted and (possible) offender-oriented action. The last part is devoted to an evaluation of results, with special emphasis on methodological questions.

The theme of these seminars - *les stratégies nouvelles de prévention* - poses some difficulties for the United Kingdom researchers in that the type of development that occurred in France after the Bonnemaison Report (King, 1988) has not occurred in Britain. There is in the United Kingdom no such coordinated approach towards a new model of crime control as has appeared, for example, in countries such as Belgium, France or the Netherlands.

That is not to say that nothing has happened in the realms of crime prevention in the last few years. There have been a great number of crime prevention initiatives in the last decade and a great deal of crime prevention activity has taken place in government, in the police forces and among the public at large. Virtually everyone in the country now knows the words 'crime prevention', though definitions will vary. Huge numbers of people have been actively involved in crime prevention projects.

In this paper, therefore, we will first attempt to present some idea of the background behind this upsurge in activity, some description of the main agencies involved and some description of the sort of initiatives which have been and are being carried out. The second half of the paper will then look at the *crime prevention* system over-all and suggest some of the reasons why the theme of these seminars presents problems in the British context.

The Background to Crime Prevention

Most, if not all, of the activities which are commonly known as crime prevention in the United Kingdom can be defined as measures taken to prevent crime which do not formally involve the use of the criminal justice system. They lie outside the realm of the repression model of the criminal justice system and are seen, not so much as a replacement for this model, as a complement to it. Great stress has been placed on community involvement - the involvement of people and agencies which are not generally part of the criminal justice system.

The reasons for this stress are well known. Official crime statistics have shown a rise to unprecedented levels during the past twenty or so years and there is no sign of his rise abating (Home Office Statistical Bulletin, 1991). Riots in the inner cities at the beginning of the eighties and, more recently, outbreaks in the prisons last year and widespread car theft and rioting on council estates this year have reinforced the impression that crime is getting out of control.

Moreover, the development of crime surveys, and in particular the widespread dissemination of the findings of the British Crime Survey (Hough, Mayhew, 1983 ; Mayhew, *et al.*, 1989) have shown that the official statistics show only part of the picture. The amount of crime which actually occurs is far more widespread than that reported to the police.

The situation involving crime is, therefore, one to be viewed with considerable pessimism. There have been widespread popular demands for something to be done. Government has three possible responses to these demands - do nothing (which is likely to be unpopular, particularly for the Conservative party which is seen and sees itself as the party of law and order), to invest more heavily in the traditional criminal justice system, or to try to find new means of controlling crime.

To an extent the response, in the early part of the present government, was to attempt to reform and re-invigorate the criminal justice system by raising the salaries of police officers and boosting the size of the police establishment, by expanding the prison system or by attempting to make punishment more deterrent such as *via* the *short, sharp shock* for juvenile offenders.

However, there was also an attempt to find remedies outside of the repression model. Turning to an emphasis on community responsibility for controlling crime was particularly attractive. Compared to the costs of a greatly increased criminal justice establishment, crime prevention as it has been developed during the 1980's, may have seemed to be relatively cheap. Moreover, much of the cost can be displaced to local government, business, charities and the general public. Failure could be blamed on public apathy rather than official indifference. These factors may well have influenced policy.

There were also good reasons for hoping it might work. Research during the 70's tended to discount the effects of rehabilitation, deterrent punishment, or containment (Clarke, Mayhew, 1980) and interest had turned towards the study of situational factors in the commission of crime. Other research since then has shown how community actions and environmental design can contribute to the control of crime.

American research, such as the work of Oscar Newman and James Q. Wilson which flourished in the United States during the 1970's, came to be of particular influence on policy in the United Kingdom during the 1980's.

I - The Main Actors in Crime Prevention

1 - The Role of Central Government

There are thus good reasons why central government should look for alternative models in controlling crime. Central government in the United Kingdom has played a leading role in developing crime prevention based on community involvement. In fact central government has played a triple role in this. One role has been to invest, often quite heavily, in certain types of public works which include an element of crime prevention. Another has been to energise crime prevention activity, though the actors, focus and fundind of the activity lies with other organisations. A third has been to fund research on crime prevention.

a - Central Government as a Funder of Crime Prevention

Central government has funded large scale projects which involve crime prevention in two major ways. The first of these has been instances where crime prevention is a major goal in its own right. The second of these has been in funding projects where crime prevention has been a means to an end.

Many of the first type of projects have come about *via* the Inter-Ministerial Group on Crime Prevention, a committee of ministers for the different departments particularly concerned with crime prevention. This was set up in 1986 to coordinate activities among the various central government departments with the aim of ensuring that crime prevention is a factor considered, where relevant.

Several departments have promoted and funded crime prevention projects. A notable example of this is the Department of Transport which funded major changes in the London Underground designed to promotc safcty for passengers and staff (Department of Transport, 1986).

Other instances include projects run by the Department of Health to prevent crime in hospitals and by the Department of Education and Science which has adopted various initiatives to educate children about crime and crime prevention.

Government has also acted through the Department of the Environment with initiatives such as the Priority Estates Project which was begun in 1979. The main goal of PEP was not to prevent crime but to increase the rentability of problem housing estates. This was to be done by introducing locally based and locally controlled systems of housing management. However, crime was a problem which had to be addressed because of its effects on the desirability of the properties (Rock, *in* Communities and Crime Reduction, 1988). So various schemes were introduced in consultation with local authorities and tenants to increase policing on the estates and to introduce situational crime prevention features where these were applicable.

b - Central Government as an Energiser of Crime Prevention

The second and, in terms of the overall national picture, the more influential role of national government has been to energise crime prevention activity. The aim here has been to get local authorities, police forces, probation services, business, charities, and individuals involved in doing something about crime. Here government has acted *via* large scale publicity campaigns to encourage individuals to safeguard their property and *via* encouraging local agencies to fund and carry out crime prevention initiatives.

Notable events during the past ten years have included the joint inter-departmental circular on crime prevention which was published in 1984 and which stated firmly that crime prevention was a matter for the whole community not just the police (Home Office *et al.* 1984) and the establishment in 1985 of the Home Office Standing Conference on Crime Prevention. The latter has set up working groups and publicised several reports on various aspects of crime and crime prevention (Home Office Standing Conference on Crime Prevention 1986, 1987, 1988, 1989, 1991).

In 1986 two seminars were held at 10, Downing Street. These drew attention to the responsibilities of the business community as a force for preventing crime in the community at large, though, paradoxically, they did not deal with preventing crime in industry. 1986 also marked the establishment of the Five Towns Initiative which was followed in 1988 by the Safer Cities Programme. The aim of these initiatives is to prevent crime and fear of crime in inner city areas *via* a multi-agency approach.

A three year national crime prevention publicity campaign was launched in 1988 and the Home Office founded Crime Concern. The brief of Crime Concern, which is partly funded by government, was to develop local crime prevention schemes in co-operation with local government, the police and other local agencies. Some recent activity in crime prevention has come under the remit of Crime Concern, including last year's Crime Prevention Week - a massive advertising campaign on crime prevention. In general, however, it has not had perhaps as vital a role in crime prevention activity as was originally envisaged.

Recent developments have included the issuance of a booklet, *Partnership in Crime Prevention* by the Home Secretary which gives examples of good practice to be followed by those involved in crime prevention projects. The Standing Conference on Crime Prevention also issued a report in 1991 which made a number of recommendations for the future, notably that :

-Community safety should be seen as the legitimate concern of the whole local community.

-The case for partnership and a multi-agency approach to community safety should be undertaken.

- Police forces in England and Wales should play a vital role in this (HO Standing Conference on Crime Prevention, 1991).

In effect this report would advocate placing crime prevention in the hands of local authorities, urging them to act with and through other agencies and would recommend the development of a Code of Practice which would define the roles of the police and other agencies involved. The report has not however, been adopted as government policy.

Emphasis has been placed by government on a multi-agency approach at the local level involving not only local government, police forces and the probation service but also voluntary agencies and charities. Much of the activity of crime prevention which has occurred in the last decade has lain here - energised but not coordinated, funded or directed to any great extent by central government.

c - Central Government and Research

The third important activity of the central government has been to fund and publicise research on crime prevention. In 1983 the Crime Prevention Unit of the Home Office was established. Since then it has been responsible for funding much of the research which has been done on crime prevention and has carried out considerable research itself. A similar role in publicising research has been played by the Home Office Research and Planning Unit. A glance at the reports published by these two departments shows how important they have been to the development of crime prevention theory and techniques during the past decade (see, for example, Laycock 1985 ; Smith, 1987 ; Heal, Laycock, 1987 ; Forrester *et al.*, 1988 ; Austin, 1988 ; Ekblom, Simon, 1988 ; Philips, Cochrane, 1988 ; Cooper, 1989 ; Levi, 1991 ; Burrows, 1991 ; Hope, 1982 ; Maxfield, 1987).

2 - The Role of Local Government

Local government has also played a role in promoting activities and initiatives designed to prevent crime. Crime prevention or community safety is now included among the official goals of many councils.

Much of this role has focussed on situational crime prevention and designing out crime and many council planning offices work with police crime prevention officers to ensure that the crime effects of new buildings are considered before planning applications are granted. Local councils also play a role in multi-agency communities projects designed to impact crime. Practices differ, however, throughout the country and local government itself has on the whole not been able to supply either the funding or the expertise for large scale projects.

3 - The Role of the Police

The police forces in Great Britain have been involved with or initiated much of the crime prevention activity during the past decade. To an extent they have been motivated in this by rising crime statistics and the need to find new ways of coping with these, but they have also had other motivations.

Officially, the prevention of crime has been a responsibility, indeed the primary responsibility, of police forces since 1829.

The primary object of an efficient police is the prevention of crime : the next, that of detection and punishment of offenders if crime is committed (quoted *in* Gladstone, 1980).

Since 1829 that duty has largely been fulfilled by what may be called the function of the police as the watchmen of the community. That function is in many ways separate from the role of policeman as thieftakers in that it personifies the policeman as someone who knows the area, knows the people and knows what is going on, a visible sign of law and order whose importance largely lies in being visible, being aware and being known to be aware.

Modern society has, however, stressed, perhaps to breaking point, this role in many urban areas. One reason has been the adoption of fast response vehicles which distance the patrolling police from the public. A second has been the diminution of respect for the role that the police have seen themselves as playing, particularly among ethnic communities, inner city areas and many of the younger generation (see Morris, 1989). A third has simply been that with greater mobility people tend to spend less of their time within the home community, feel less a part of it and are generally less tied to it. Many police officers and indeed many members of the public regret the gradual diminution in the watchman role and attempts are being made to re-invigorate it.

However, the police have had to turn to other means of fulfilling their mandate to prevent crime. For example, they eagerly espoused the idea of Neighbourhood Watch which, since it was first established in 1985, has proliferated throughout the United Kingdom. Latest figures state that the police have helped to set up 92 000 neighbourhood watches in England and Wales and 1 700 in Scotland (Britain 1992, An official Handbook, as quoted *in The Guardian* 9.1.1992). Police officers play an active role in many of these schemes providing newsletters and taking part in displays and talks. More recently, police forces have also been involved in organising watches based around different types of businesses or based on industrial areas. However, some police forces are now questioning the value of such schemes and the amount of police time they consume. They are known to be easier to set up and maintain in middle class areas, which may not be the areas in which they are most needed.

Some police forces have directly sponsored crime prevention initiatives. Northumbria Police launched the *Northumbria Coalition against Crime* which brought together all the agencies and interests involved in promoting crime prevention measures within the Northumbria Police Area. Staffordshire Police developed the Staffordshire Police Activity and Community Enterprise programme (SPACE) which seeks to *increase the type and number of non-criminal opportunities available to those at risk of offending* (Heal, Laycock, 1987). There are other examples in other forces.

Many forces have also been involved in the establishment of Crime Panels which are committees, largely made up of representatives of local businesses, which fund and run small local crime initiatives. They also provide a forum where *contact between the police and the community can take place within a focussed construction and mutually helpful context* (Smith, Laycock, 1985).

Since 1965 all forces in England and Wales have also had specialist Crime Prevention Officers. These were once seen as semi-retired constables who could give advice to the public about locks and bolts. Now they are assuming a new importance and a new professionalism both as publicists of crime prevention information to the public, and as advisors to higher management within the police.

Many have been trained as Crime Prevention Design Advisors (in the Metropolitan Police) or Police Architectural Liaison Officers (other police forces) and spend much of their time advising local planning offices, builders and industry generally on means of designing out crime. A fairly recent development in this field has been *Secured by Design*. Police CPDA or Architectural Liaison officers can now licence builders to use the *Secured by Design* logo if their plans have been examined and approved as unlikely to attract crime.

Some of this police activity is co-ordinated nationally - such as *Secured by Design* which now operates across police boundaries. Some continuity is also provided by the Home Office Crime Prevention Training Centre at Stafford where most Crime Prevention Officers are sent on courses. Another unifying force since 1986 has been the Sub-Committee on Crime Prevention which reports to the Association of Chief Police Officers.

Other developments are more haphazard. The role played by Crime Prevention Officers as experts on crime prevention varies. In some forces they come under Community Relations, in others they are attached to the Criminal Investigation Department (detectives). The amount of influence which they can exercise can vary not only with the force, but even by division within forces. The type and scale of projects initiated or assisted by the police also shows no coherence across the country.

4 - Voluntary Agencies

Voluntary agencies also instigate crime prevention initiatives. Perhaps the most notable example is the National Association for the Care and Rehabilitation of Offenders (NACRO) which has been extremely influential, running at least 80 local projects concerning crime prevention and community safety.

Victim support groups have also been active in the crime prevention field with projects designed to offer support to victims of crime, reduce fear of crime and prevent crime (Sampson, Farrell, 1990) and there are other charitable ventures, such as Childline, which seeks to help child victims.

5 - Multi-Agency Work

This lengthy description of some of the main actors in crime prevention should not obscure the fact that a great deal of the crime prevention work which has be done in the past decade is based on a multi-agency model. Thus any one crime prevention project may be planned and carried out by several of the agencies described and may involve many others particularly at a local level.

6 - The Private Sector

Regard must also be paid to the private sector and to business generally. Many businesses play an active role in crime prevention panels and in multi-agency initiatives to prevent crime. Indeed, much of the funding of local initiatives is donated by industry and commerce. Industry has also promoted - either directly or indirectly - the use of physical means of crime prevention. A notable example is the few insurance companies who offer lower rates to those who have alarms in their houses.

A good deal of the literature on crime prevention deals with ways by which businesses can protect themselves against thieves (Ekblom, 1986), robbers (Austin, 1988), burglars (Laycock, 1985), but it is only recently that there has been much focus on internal crime in business and commerce or on the scale of crime affecting industry (Johnston, Leek, Shapland, Wiles, 1990).

Emphasis was put on the need for business to manage and control potential crime and to cope with the after-effects in a conference for business, police and government in 1988 (Shapland, Wiles, 1989). This was followed by a report by a working party (CBI/Crime Concern, 1990) and by a second conference last autumn. However, crime prevention within industry, in the sense of management initiatives to target crime difficulties and develop effective measures of prevention for these, remains in its infancy (Shapland, Nuttall, 1991 ; Burrows, 1991).

Industries actually concerned with preventing crime, that is alarm companies, secure delivery companies, security guards, etc.) have been active in the United Kingdom since at least World War One. However, they have seen a radical growth in size and number during the 1970's and 1980's. No realistic figures are available for the number of people employed in the crime prevention industries or, indeed, for the number of companies involved, though an estimate of over 1 000 companies and up to 200 000 employees is thought fairly reasonable (South, 1988).

It is *via* these companies and not *via* the public sector that much of the modern technology of crime prevention has been developed. Alarm systems, CCTV, specialised grilles, barrier protection are usually developed by security companies. To an extent there has been some regulation of this technical side in that British Standards now apply to alarms and to certain other features of security. There are also various regulations covering use of guard dogs.

However, the security industries themselves are not regulated. This has led to considerable controversy over the political use of security, the use of *down market* practices and the potential for insider crime (South, 1988). A critique of the use of private security is rather beyond the scope of this paper but it is an area which deserves to be addressed. In particular, it should be asked why so little regard is paid to the private security sector in crime prevention literature.

II - What Are the Crime Prevention Activities ?

Crime prevention activities involve a great many people - not just the major actors who have been described but the numerous members of the public who belong to neighbourhood watches or crime panels or who take part in multi-agency initiatives. What sorts of crime prevention are they involved in ?

Perhaps the major focus in crime prevention during the past ten years has been on situational crime prevention, that is *measures directed at highly specific forms of crime ; which involve the management, design or manipulation of the immediate environment in which these crimes occur in as systematic and permanent a way as possible ; so as to reduce the opportunities for these crimes* (Clarke, Mayhew, 1980).

1 - Target Hardening

Many of the information packs which have spewed forth from government and the police are primarily concerned with target hardening. These are directed towards the public in general with the basic message : lock doors, lock windows, secure your property. A great deal of the work of police Crime Prevention Officers and lately other officers in the police is based on this. Virtually every force has someone who can advise individuals about target hardening domestic property and it is not uncommon now for teams of officers to visit an area and offer everyone a domestic survey.

Much of the PEP work on council estates has largely been concerned with this type of activity. Where sites are suitable and crime problems appear to justify it large amounts of money are now spent on providing concierge systems, improved locks and CCTV cameras.

This sort of physical crime prevention can be effective in individual instances (see Laycock 1985 ; Clarke, Mayhew 1980). Research on the behaviour and motivations of burglars has shown, for instance, that they take features like alarms into account when selecting targets (Bennett *in* Heal, Laycock, 1986). However, there has been criticism that target hardening leads to displacement rather than reducing the overall amount of crime. Thus its effects could be to divert certain types of crime away from the property of those who can afford target hardening technology towards those who cannot. Many of the types of target hardening equipment - Crime Prevention Officers generally advocate alarm systems - are expensive and beyond the means of large sectors of the population.

While there is, as yet, no approach to the situation envisaged by Barry Poyner in which wealthy and middle-class housing is separated from poorer housing in the interests of crime prevention (Poyner, 1983) the use of crime prevention devices which may deflect crime from the houses of those who can afford them towards the houses of those who cannot raises ethical problems.

A second factor is the effect of target hardening on the general environment. Taken to extremes it can result in the creation of veritable fortresses. Aside from the effect that this is likely to have on the occupants this can create problems for neighbours. An example is the car alarm which is not infrequently triggered by factors other than break-ins. Recently there has been legislation to control the time which alarms are allowed to sound, but they are still a nuisance. There is also the general effect which creation of too obtrusive target hardening can have on people's perceptions of areas and who is likely to be affected by crime - for example, the fortified industrial estate in the middle of run-down housing.

Moreover, burglar alarms waste huge amounts of police time. The vast majority of alarm calls are caused by faults rather than actual burglaries, but considerable resources are wasted in replying to them. Police forces have responded by *blacking* notable offenders but practices in this area differ among the forces.

Another form of situational prevention is actually removing the potential target. This has been done successfully in the case of electricity coin-boxes (see Hill, 1986).

2 - Designing Out Crime

The second form of situational prevention which has been boosted in recent years has been designing out crime. Much of the work of police CPDA or Architectural Liaison officers is concerned with this as has been much of the renewal work on problem estates. The goal here has been to make premises less attractive to the opportunist burglar of vandal by improving lighting and general visibility, by mechanisms to keep pedestrians on certain routes, and by creating a sense of ownership. In origin much of the work derives initially from Oscar Newman's work in the United States although there have been British refinements. Research suggests that this type of crime prevention can be effective (see for example, Painter, 1991).

A second rather more ambitious form of designing out crime is that advocated by Alice Coleman. Here it is argued that the *residential environment of early childhood exerts a strong situational influence, encouraging children to adopt standing decisions to commit crime where opportunities offer* (Coleman *in* Evans, Herbert, 1989). Thus design modification not only prevents crime but prevents later criminality. Professor Coleman's theories which have had considerable impact on government policy and which are at present the basis of a £ 50 million plus project run by the Design Improvement Controlled Experiment of the Department of the Environment have, however, attracted some criticism because they ignore social factors and assume design *causes* crime.

3 - Mixed Situational and Social Prevention

While situational prevention has been the focus of many crime initiatives many initiatives also have a social aspect. Neighbourhood Watch is an example of this. Neighbourhood Watches are based on the concept of surveillance - *residents are encouraged to be on the look-out for suspicious behaviour* (Practical Ways to Crack Crime, 1991) - but they are also meant to reduce fear of crime, to encourage good relations between police and community and to improve life in the neighbourhood generally. Watch members are encouraged to keep an eye on vulnerable groups within the community and may be involved with youth work.

It appears that in some communities Neighbourhood Watch may have had the effect of making people feel more secure and in energising inter-community ties (Husain, 1988). Evaluations of Neighbourhood Watches as a means of preventing crime are mixed, however (Bennett, 1990) and a great deal depends on the area in which the watch was set up. In particular, high-risk areas have not proved to be amenable for the simple reason that they have not been condusive to setting up watches.

Cocoon watches, such as those set up during the Kirkholt burglary project, where a small number of households keep an eye on a house which has already been burgled seem to show more promise (Forrester, Chatterton, Pease, 1988).

Business watches also have a dual purpose. On the one hand they function much as neighbourhood watches in that they encourage members of the watch to look out for threats to both their own and other members property, but they also provide a forum in which solutions to mutual problems can be sought and in which relations can develop between the police and the business community. They are, however, relatively new innovations in many areas.

4 - Multi-Agency Crime Prevention

Other projects have a much more socially-oriented concept of prevention in that they aim at prevention criminality and at improving neighbourhood and community restraints on criminality. This has been the focus of much of the large multi-agency work.

Examples of this are the Five Towns Project which began in 1986 and Safer Cities which was launched in 1988 (both now being evaluated, though the results are not yet available). In both cases the government underwrothe the costs of co-ordinators, though funds for actual schemes had to be met from local sources.

The aim of the Safer Crities scheme, which is part of the government's Action for Cities package, is to reduce crime, lessen fear of crime and to create safer cities within which economic enterprise and community life can flourish. Like the Five Towns project its method has been to establish steering committees made up of local government, police, probation, industry and charities who decide on initiatives within the locality and oversee the implementation of these. Some of the types of initiatives run under these programmes involve target hardening, but there are also initiatives which focus on vulnerable groups, such as the elderly, or on potential offenders, such as the young. There is no doubt that quite a lot of activity has been generated in the particular towns selected to receive government funds. It is less clear what has been achieved or whether it will last.

5 - Offender Targetted Crime Prevention

Some of the initiatives currently underway are concerned with targetting potential offenders. These can run from small scale local projects to provide a private road on which young motorcyclists can learn to drive to national campaigns tackling drug abuse. In the latter instance the government has launched large scale advertising campaigns to made the public aware of the risks of illegal drugs. The Home Office has also set up local teams in areas where drugs are thought to be widely used. These teams try to energise community action against drugs much as the Safer City project tries to energise community action against other crimes. Treatment centres have also been set up and there are self-help groups for drug users and systems of needle exchanges with the aim of preventing HIV.

Considerable emphasis has been placed on juveniles because it is known that a great deal of crime is committed by teenagers. The Standing Conference on Crime Prevention put forward a series of recommendations for inter-agency co-operation on juvenile crime in 1987 some of which have been acted upon (Report of the Working Group on Juvenile Crime, 1987). Recently there has been much discussion of the possibility of identifying *at-risk* offenders at an early age and concentrating efforts upon them.

Quite a lot of activity has taken place involving school children. These may take the form of classroom projects on crime and crime prevention or may focus on holiday projects. Some of these are centered around youths who have already offended or are likely to offend. Others are diversion schemes for youths focussing on those who might otherwise be charged by the police. These may involve the young people agreeing to perform various activities or paying compensation. Less is probably being done for adult offenders though NACRO runs workshops for training ex-offenders (Shapland, Nuttall, 1991).

6 - Victim Targetted Crime Prevention

Much of the victim targetted crime prevention has consisted of publicity advising groups of people thought to be at risk of crimes, of actions they can take to forestall it. The groups are generally women, the elderly and children. In general this publicity is of the *don't walk down dark streets* variety and represents the stranger as the threat. Its potentially fear-inducing aspects have often not been considered and again its effectiveness must be questioned.

III - What Has Been Achieved ?

So far in this paper we have been describing some of the many activities which have taken place in roughly the last ten years. And we think it would have to be agreed that there has been a great deal of activity centred around the general topic of crime prevention. But what has this activity achieved ?

Before any evaluation of achievement can be made it must first be asked what is all the crime prevention activity meant to achieve. One simple answer is that it is meant to prevent crime. In that case it has all manifestly failed, at least on a national basis, because crime is still rising. It might be argued that it has prevented crime rising yet further - an impossible claim to substantiate - but the rate of increase of crime as the economic state of the country has worsened would tend to argue at least that crime prevention activity, as it has been attempted, is of minimal influence compared to more macro socio-economic factors.

But there have been many other goals involved in the various activities which have been described. Indeed, in some cases - such as the Department of the Environments' projects - crime prevention has not been the goal at all. Here the goal is making council estates and other areas more attractive places to live so that people will not only apply to live in them, but may eventually buy flats and houses in them. It can be argued following Skogan's (1991) thesis, that this has had an overall crime prevention effect in these areas -since it is highly likely that it has checked, or even reversed, the spiral of decline in certain neighbourhoods.

1 - What Crimes ?

In any case *preventing crime* is a very broad category indeed. What crimes ? Crime prevention activities, as they have developed in the United Kingdom, certainly involve a wide range of different criminal offences, but they don't cover all. Most situational crime prevention has been based on preventing vandalism, theft and burglary. Many of the social crime prevention initiatives are concerned with diverting burglars, vandals and thieves.

Very little has been done concerning crimes against the person and usually this has involved warnings about how individuals can protect themselves. These warnings which are directed primarily to women and the elderly have largely been couched in terms of preventing crime by strangers. The whole range of crimes which are committed - generally in a domestic setting - by people whom the victim knows and often lives with - have been virtually ignored. Public order offences (except vandalism occurring in specific situations) has also, with certain exceptions, such as the Coventry initiative against drinking in the city centre (Ramsay, 1989, 1990) and some research on football hooliganism (Williams *et al.*, 1988) not had a great deal of attention.

It is crimes against property which dominate the crime prevention scene. Indeed, until quite recently it was only crimes against certain types of property, notably crimes against domestic dwellings and cars, which received much attention. Even here it was largely crimes against property and cars in run-down city areas which have been the subject of initiatives. The stress has again been laid on crime caused by outsiders, although research has shown that a significant amount of crime is actually caused by people living within the community (Shapland, Vagg, 1988).

This is not to say that no attention has been paid to crimes against commercial and what might be called *public* properties. But this has been done selectively. Crimes occurring in retail property has been researched (Laycock, 1985 ; Ekblom, Simon, 1988 ; Phillips, Cochrane, 1988). Crimes, notably burglary, in schools (Hope, 1988) have been researched. But very little was done until very recently to look at crime as it affects industry (Johnston *et al.*, 1990) or crime as it affects commerce (Levi, 1987, 1988). Other topics such as the effect of crime on churches or coach stations or even offices have hardly been mentioned at all.

Here, too, the focus has also been on the crime committed by the stranger or the outsider, rather than crime occurring from within. It is only recently that initiatives have begun to look at crimes committed by employees.

2 - Prevention Crimes, not Criminality

So crime prevention in the United Kingdom during the last decade might better be called *preventing crimes against domestic and certain types of commercial property*. But is it really even that ? A lot of the initiatives are not so much about actually preventing crime as making crime harder for the criminal. The assumption has been, not so much that criminality will actually stop, as that criminality - at least in terms of burglary, theft and vandalism - will not actually take place to the same extent, in the particular area targetted by the project. An initiative to stop burglaries on a council estate in Skegness, for example, is primarily concerned with Skegness and not with burglary. Of course, the huge publicity campaigns warning people to lock doors and turn on alarms are giving a message to the whole country, but the message is *dont let them burgle **your** house*. Neighbourhood watch, local crime panels, Safer Cities etc. are very much concerned with preventing crime in a relatively small locality.

Social crime prevention initiatives do address the problem of preventing criminality, but again the way they are applied frequently shows a local bias. It could be argued that one of the effects of this localised bias is to divert attention from the question of criminality, though it is not necessarily the sole reason for this.

Another factor has been that problems of displacement have not, perhaps, been viewed as critically as they should. Certainly displacement as a factor has not been neglected in the type of crime prevention initiatives which have been published (Heal, Laycock, 1986) but displacement has been treated in many cases as a secondary factor. In most crime initiatives *where evaluation has taken place* what is sought for in the first place is what effect the initiative has had on the area which is the subject of the project.

The paradox is that crime prevention *needs* to be local to have an effect. It needs to tackle *actual* problems which vary by locality. But the problem of locality versus displacement must be considered.

3 - Targetting Crime Prevention

So crime prevention in the United Kingdom in the last decade might perhaps better be called *preventing crimes against domestic property in certain areas*. Not all areas have crime prevention initiatives, though I suspect, most have had something, but the way in which crime prevention has developed means that initiatives have tended on the whole to be fairly concentrated. This is quite reasonable if targeting has been done in accordance with patterns of crime, since it is those areas which have a high crime rate which most need crime prevention.

But this is not necessarily the reason why certain areas have been selected. Take Neighbourhood Watch, for example. The sheer number of Neighbourhood Watch schemes suggests that these have not been developed in accordance with need for surveillance to prevent crimes but rather in accordance with people being willing to act as Neighbourhood Watch co-ordinators. Research too, suggests that areas which really need Neighbourhood Watch or something comparable are those least likely to form them. Reading Neighbourhood Watch magazines, and this is purely subjective, suggests that the type of people most active in Neighbourhood Watch would be fairly good at keeping their eyes on their community without it. The same sort of situation exists with crime panels, business watches and even local government-led multi-agency initiatives.

Of course, this is not to deny that targetting is a feature of crime prevention initiatives. One of the features of crime prevention methodology which has shown great development in the past ten years is the concept of crime analysis. Police forces, for example, are beginning to devote much more time and energy than hitherto to trying to find out where the crime black spots are and examining statistics about types of property victimised, and the methods used in doing this. They have been hindered however, by lack of useable technology and by lack of expertise in analysing results and in formulating means of dealing with them.

No crime project involving academic evaluation would now disregard crime analysis either and once a project has been generated much effort goes into examining all the data which exists to determine where problems are and why they exist. The problem, however, is that too frequently this analysis does not take place until after the crucial area assumptions are made. What frequently happens is it is decided that situational crime prevention will be instigated on an estate and then analysis is brought in to determine where *on that estate* the problems lie - or a particularly active local council will determine to do something about crime in a certain area and then analysis will take place to determine where to focus attention.

4 - Leadership

This leads on to two other questions - the motivation behind initiatives and the lack of leadership. These two questions are very much intertwined. As has been seen in the first part of the paper there are a lot of different groups involved in crime prevention in the United Kingdom and they are not all necessarily motivated by the same factors.

An example is the role of central government. Here, we suspect there are several motives, not least the desire to be seen to be doing something, anything about crime. This, at least, would explain some of the instances where government has plowed ahead with projects which have been shown to be ineffectual and the speed with which new types of initiative can be seezed upon (This is not to point the finger only at the UK Government, but we are commenting in this paper only on the United Kingdom). There are, of course, other motivations which have been described in the beginning of the paper.

The motivations behind local government initiatives may be quite different. They may be looking for initiatives which will please certain sectors of the voters in their area or which might attract businesses to the area. Police forces are struggling to find ways of improving their standing with and their backing by the community. It is not unlikely that a major motivating factor in their participation with Crime Panels and in Neighbourhood Watch is a desire to meet on relatively non-contentious grounds with leaders in the local community. Other agencies have their own special interests - the probation service may, as an example, have a rather different view of the potential for crime prevention than the police. The communities involved in the initiatives may have separate interests which none of these agencies are aware of. People may, for example, put up with relatively high crime rates if there are other amenities sin the community which compensate for this (Bottoms, Wiles, 1986).

This division in interests and motivations is not unexpected, indeed, it is one of the goals of the multi-agency approach that different interests should be catered for. It does mean, however, that there is likely to be a lack of coherence in the design of crime prevention initiatives where there is no one leader. Many of the problems of inter-agency co-operation in the crime prevention field have yet to be addressed (Bottoms, 1990).

This is not to say that any one agency or any one group should dominate crime prevention activities. Indeed, what is surely needed is that mechanisms be found to adapt crime prevention to what the *community* really wants. The problem, however, is that there has really been so little guidance and direction both in finding out who the *community* is, working out their problems and then finding means of responding to these. In fact there are enormous difficulties for people working at a community level in knowing just what to do.

Part of the problem lies with the lack of any real data base on crime prevention. Research studies funded by the Home Office or carried out by such agencies as NACRO are published and easy to find. But very little is really accessible about what police forces are doing and how they are doing it, or about very many of the other multi-agency and community based projects going on. Many initiatives, such as those run by Crime Panels, have never published reports at all. Even when reports are published there is no one repository keeping copies. Even among police forces knowledge of what other forces are doing is often passed on by word of mouth and is certainly not available to those actually involved in projects on the ground. It is thus extremely difficult to build on experience except on a very localised basis.

Nor are there national standards or a national definition of what a crime prevention project should entail. At the very beginning of the paper I stated that everyone in the country had heard of crime prevention but that definitions differed. This is true not just for members of thc public but cvcn for those active in the field. Is a project which is designed for another purpose but which incorporates crime prevention aspects a crime prevention project ? Is a project mainly designed to combat fear of crime a crime prevention project ? Is a project mainly designed to make people aware of crime a crime prevention projet ? There are no national definitions of what crime prevention really is.

5 - Methodology

There is, however, a recognised methodology about how crime prevention projects - whatever they are - should be carried out. But though there is now an accepted model (Shapland, Nuttall, 1991), its refinement and the development of skills and tools to carry it out is only a a rudimentary stage. Crime analysis, adopting both police and other statistics should be done to find out the real dimensions, site and whatever other features are applicable to the problem. A method of inter-acting with these problems should be decided upon. The project should be carried out and an evaluation should be made of the effect of the project on the problem. However, there is very little guidance about who should be responsible for making the decisions, who should carry them out, how the actual progress of carrying out decisions should be monitored or about how evaluations of success should be done.

6 - Evaluation

The question of evaluation poses particular problems. The need for evaluation has long been recognised in academic studies on crime prevention. It has received a higher profile or at least lip-service within police forces since the publication of Mollie Weatheritt's work for the Police Foundation in 1986. Some of the larger government projects such as Safer Cities (Ekblom, 1991) or the DICE project have elaborate systems of evaluation incorporated, but many projects which the police or other agencies initiate have very sketchy systems at best and many local projects make no attempt to evaluate. Even large projects may involve no evaluation. An example of this is Crime Prevention Week. Although this involved at least a week's work for Crime Prevention Officers throughout the country, and for many other police officers, no attempt was made to find out either what the project had cost or what, if any, results it had had.

Rigorous evaluation, in any case, might be well beyond the scope of smaller projects, but some guidance is needed about how some form of evaluation might be done if only to prevent useless repetition of unsuccessful activity.

*
* *

This section of the paper was entitled *What has been achieved ?* We do not think this question can really be answered within the United Kingdom context because the basic requirements for any evaluation of achievement are missing. Crime prevention here has been both too amorphous and too piecemeal to allow any evaluation of its success to be made. At a very basic level not enough thought has gone into what is the end goal of all the crime prevention activity in terms of types of crime, locale, the roles to be played by all those involved or the method.

It is because of this lack of unity and lack of definite purpose and lack of coherence, that writing this paper was a very difficult task. Certainly a great deal has occurred. Crime prevention has a higher profile in the United Kingdom than ever before. Much money, time and effort has gone into crime prevention initiatives. But whether this could be called *la forme nouvelle de prévention* we leave to you.

There is one final - and major - problem which is only just now rising over the horizon. We think it will be the most difficult of the lot. Crime prevention must increasingly be seen as not preventing crime in its totality but as preventing *some crime somewhere*. We shall have choices about what to do. If we continue to fund and resource Neighbourhood Watch then we will bc giving more to middle class areas than to poorer ones. If we direct publicity to individuals we shall be getting individual property, but not public property, better guarded and more secure.

This is not just concerned with effectiveness or with possible choices of ways to do and devices. This is a moral and social choice about what kind of society we live in and what social order we want. If we choose certain types of crimes, certain types of people, certain areas in which to target crime prevention initiatives others will not be chosen. Who do we want to be victimised ? What kinds of crimes do we want to occur ? What kinds of people do we want offenders to be ?

Threads of this discourse already exist in the work done by police Architectural Liaison Officers, in community development projects, in discussion of the fortress society and on the question of who pays for crime prevention for businesses. But the discussion itself has not happened *yet* and, indeed, people are fighting shy of it. The discussion about where crime *should* be and about where *we* are putting it is not yet commonplace or even whispered about much.

It is, however, an inescapable consequence of crime prevention : if we learn how to reduce crime, we will also have to decide where to place crime.

LE MODELE FRANCAIS DE PREVENTION DE LA DELINQUANCE : LA RECHERCHE D'UN SECOND SOUFFLE

Dominique Duprez

Le rapport commence par situer les programmes actuels de prévention en France dans l'histoire des politiques envers la jeunesse. Puis, il démonte la genèse de cette nouvelle prévention avant de soupeser ses forces et ses faiblesses, en insistant notamment sur l'empilement des initiatives successives. Il montre aussi les tensions entre les spécialistes traditionnels des différentes formes de prévention et de travail social et les nouveaux professionnels de la prévention qui sont apparus dans la dernière décennie. Finalement, il semble à l'auteur qu'après avoir effectué une montée en puissance lors de la dernière décennie, cette politique se trouve maintenant à la recherche d'un second souffle.

The report first situates present prevention programmes in France within the history of youth-related policies. It then shows how the new type of prevention came into being, assays its strengths and weaknesses, with special emphasis on the accumulation of successive initiatives. It also points to the tensions between people in the specialties traditionally dealing in different forms of prevention and social work, and new professionals specialized in prevention, who have cropped up in the last decade. Finally, according to the author, after a powerful upsurge during the last decade, this policy is now in search of new impetus.

Il est indubitable que la France a occupé une place particulière sur la scène internationale en matière de prévention de la déliquance dans les années 1980. Face au modèle de prévention que l'on qualifie, en général, de situationnel qui domine aux Etats-Unis, la situation française est apparue au début des années 1980 comme une alternative (Ely, 1990).

Rappelons que la prévention situationnelle vise d'abord à modifier les situations pour les rendre moins favorables aux comportements délictueux ou, tout simplement, aux incivilités. Le *neighbourhood watch*, système s'appuyant sur la mobilisation du voisinage directement en prise avec la police, en représente un exemple typique.

Le modèle français de prévention entre dans la catégorie de la *prévention sociale* (Saucier, 1990) où les destinataires des programmes sont plutôt les auteurs potentiels d'actes délictueux mais aussi des incivilités, terme qui désigne le vandalisme, les *mauvaises manières*, les comportements provoquants, toutes choses qui ne sont souvent pas sanctionnées par la loi mais qui contribuent largement à nourrir le sentiment d'insécurité. Une action d'animation sociale, culturelle qui vise à améliorer globalement les conditions de vie dans un quartier dans l'espoir d'agir indirectement sur la délinquance entre dans cette conception de la prévention.

Avant d'aller plus loin dans la présentation du *modèle français*, peut-être est-il utile de donner quelques points de repère pour situer les étapes qui ont permis le passage d'actions contre la criminalité et la jeunesse vagabonde à la mise en œuvre d'une politique moderne de prévention de la délinquance.

I - De l'encadrement de la jeunesse à sa prévention

Si les travaux de Ariès (1973) indiquent que la promotion de l'adolescence comme catégorisation d'un cycle de vie se produit en France au XVIIIe siècle, il faut attendre le XIXe pour que l'objet jeunesse devienne un champ d'interventions sociales. Ce sont surtout les catholiques qui promouvront, simultanément à la "question sociale", la création d'institutions orientées vers les jeunes : le Sillon de Marc Sangnier, condamné en 1910 par Pie X ; l'Association catholique de la jeunesse française (ACJF) créée en 1886 ; et, enfin, la Jeunesse ouvrière chrétienne (JOC) qui n'apparaît qu'en 1926.

Mais c'est surtout dans la période de l'entre-deux guerres (1920-1940) que se développent les interventions en direction des jeunes. Une conception positive de la jeunesse semble alors être dominante. Les discours sont dominés par des termes comme *salut*, *idéal*, *élan*, *enthousiasme*, etc... L'analyse de cette période montre clairement que la jeunesse n'a pas toujours été perçue comme un phénomène social qui devrait nécessiter des interventions en termes de prévention, d'intégration ou d'insertion.

Jusqu'à la Seconde Guerre mondiale, la jeunesse est appréhendée comme une force qui prépare l'avenir de la société : en ce sens, la conception pétainiste de la jeunesse, pendant la guerre, n'est qu'un renforcement des représentations du début du siècle, même si elle y ajoute la nécessité d'une mobilisation par de saines expériences collectives. Selon Robert O. Paxton (1973), en fin de compte, c'est l'armée qui parvient presque à mettre sur pied le mouvement de jeunesse unique rêvé par Vichy. Les Chantiers de jeunesse, fondés pendant l'été 1940, sont une solution d'urgence qui doit permettre d'arracher les jeunes gens en âge de porter les armes aux dangers de la ville, en les mettant au travail dans les forêts. A partir de janvier 1941, ils tiennent lieu de service militaire. L'appel sous les drapeaux étant suspendu, tous les jeunes gens sont obligés à vingt ans de passer neuf mois dans un Chantier. Des travaux forestiers s'imposent, c'est entendu ; il n'en reste pas moins que l'éducation morale est le premier des Chantiers qui sont sous la coupe de la Porte du Theil, général d'artillerie et ancien scout. La journée est consacrée en partie à des exercices physiques et, en partie, à des cours sur l'ordre social et sur l'histoire de France.

On peut difficilement s'empêcher de faire un parallèle avec certains projets des opérations *été-jeunes* vers 1983-1984.

Ainsi, durant le mois d'août 1983, le ministre de l'Intérieur et celui de la Jeunesse et des Sports, visitent le camp de Peynier organisé par les scouts des Bouches-du-Rhône. Un millier de jeunes de quatorze à dix-sept ans ont participé à une opération de surveillance et de prévention des incendies[1]. Leur tâche : reconnaître et identifier toute fumée suspecte à partir de vigiles implantés dans les zones sensibles, utiliser les moyens de transmission radio et éventuellement porter secours à des personnes en danger. Des vacances *fatigantes* mais *utiles* qui les ont enthousiasmés. *Au début du mois*, expliquent des scouts d'Arras, en chemise écarlate, *il y avait des feux partout, on a peu dormi, mais personne n'a tiré au flanc. Et, en plus, les pompiers ont été très sympas avec nous*. Deux types de représentations sont présentes dans les deux situations, la dangerosité de la ville, la rééducation par le travail.

A partir de 1945, les discours politiques sur la jeunesse s'alimentent de faits liés au contexte de l'après-guerre pour avancer la nécessité d'une politique de prévention de la délinquance fortement connotée en objectifs moralisateurs, et glissent progressivement vers une législation pour *protéger la jeunesse*. Un autre courant amené par Fernand Deligny (1947) promeut des expériences de prévention élaborées avec des cadres issus du milieu ouvrier. P. F. Moreau (1978) souligne qu'il s'agissait pour F. Deligny *de susciter dans les quartiers populeux un état d'esprit tel que le sauvetage social des enfants difficiles détermine une œuvre collective à base de solidarité ouvrière, de greffer cette préoccupation de l'enfance sur toutes les associations, groupements et cercles de quartier*.

Après le départ des ministres communistes du gouvernement de l'après-guerre, c'est néanmoins un courant plus conservateur qui l'emportera. La loi du 16 juillet 1949 constitue un premier pas dans l'établissement d'un nouvel ordre moral : l'article 2 établit une censure sur les publications destinées aux jeunes. C'est une période où vont dominer les organismes d'éducation populaire, notamment ceux issus du

---

[1] *Le Monde*, 21 et 22 août 1983.

scoutisme, l'Etat s'efforçant de les fédérer et de leur apporter des moyens financiers qui permettront une professionnalisation de leurs cadres et une politique d'équipements.

La France de l'été 1959 voit apparaître le thème des *blousons noirs* qui bénéficie d'une impressionnante couverture médiatique dans les deux années suivantes. Cette jeunesse *désorganisée* annonce le déclin des grands mouvements de jeunesse qui ne sauront pas s'adapter à cette population et l'affirmation d'une politique publique de prévention.

Dans ce climat d'inquiétude générale, les équipes d'éducateurs de rue - qui font leur apparition dans les médias, associés au thème des blousons noirs - apparaîtront, malgré leur faible nombre, comme une réponse possible. En juillet 1960, dans une interview au *Figaro*, Maurice Herzog, Haut Commissaire à la Jeunesse et aux Sports, déclare : *les clubs de quartier sont la meilleure mesure préventive pour l'élimination des blousons noirs... en 1960, on peut compter vingt-cinq clubs de ce genre... en 1961, l'aide de l'Etat dans ce domaine sera de l'ordre de 80 millions* (Peyre, 1985). C'est peut-être ici que commence une nouvelle ère pour la prévention spécialisée, où la puissance publique soutient l'initiative privée en direction des *jeunes marginaux*.

De 1970 à 1972, le ministère de la Santé absorbera la prévention spécialisée et l'intègrera dans sa politique de prévention globale conduite par la DDASS. La prévention spécialisée sera financée ensuite jusqu'à concurrence de 95% sur le budget de l'aide sociale à l'enfance, ce qui assurera son développement, puisqu'on ne comptait, en 1983, pas moins de 565 équipes de prévention, relevant de plus de 300 associations.

Il faut cependant attendre le 4 juillet 1972 pour voir fixer par arrêté les conditions d'agrément des clubs de prévention. Deux variables sont centrales dans l'institutionnalisation de cette stratégie préventive : la première contextualise l'intervention dans un secteur géographique marqué par un niveau élevé de délinquance, la seconde indique que la cible de l'intervention est une population jeune, délinquante ou susceptible de le devenir.

L'effet de l'institutionnalisation de la prévention spécialisée fut double : l'introduction d'une logique de professionnalisation, un contrôle de fait par les pouvoirs publics des interventions par la procédure des agréments et par une tutelle administrative.

La professionnalisation de la prévention s'est assise presque exclusivement sur le métier d'éducateur spécialisé. La transplantation des internats dans la rue a donc aussi été le transfert d'une profession vers un nouveau champ d'intervention. C'est peut-être la raison pour laquelle la connotation de l'intervention reste marquée par la notion de handicap qui connaît, bien entendu, une extension de sens conduisant à la thématique de l'inadapté et du marginal.

V. Peyre et F. Tétard (1985) montrent bien comment le *lobby* de l'éducation spécialisée empêche la création d'un métier d'éducateur de prévention. Après une expérience de formation d'éducateurs de prévention à Marly en 1961, une vive opposition émane des éducateurs spécialisés et des écoles d'éducateurs, au nom de la nécessaire unité de la profession d'éducateur, et cette expérience n'a pas de suite.

Cette extrême professionnalisation s'est traduite par un système de valeurs et de représentations relativement unifié qui a permis l'adoption d'un code déontologique qui s'appuie sur l'initiative privée et qui s'oppose à des stratégies de municipalisation de la prévention et du contrôle de l'Etat. Le rapport d'activités se substitue à l'évaluation.

L'idéologie du non-mandat a toujours dominé la prévention spécialisée dans le contexte français. Ce champ s'est toujours situé totalement en dehors de l'intervention judiciaire, y compris dans ses dimensions éducatives[2].

---

[2] En France, liées à l'ordonnance de 1945, les mesures éducatives prises par un magistrat, sont mises en œuvre par des éducateurs de l'éducation surveillée, aujourd'hui dénommés éducateurs de la protection judiciaire de la jeunesse. Fonctionnaires du ministère de la Justice, ils sont recrutés après le baccalauréat par concours et formés dans une école spécifique. Il existe aussi un recrutement par promotion interne au ministère de la Justice ; dans ce cas

En France, la structuration de la prévention de la délinquance autour de la prévention spécialisée a donc donné une unité à ce secteur spécifique de l'action sociale plus grande que dans d'autres pays où les programmes ont souvent été conjoncturels.

Le tournant des politiques de prévention de la délinquance au début des années 1980 est donc directement lié à des enjeux professionnels, notamment la prédominance de l'éducation spécialisée dans ce champ tout au long des années 1970.

Explicitement, le rapport de la commission des maires sur la sécurité dirigé par G. Bonnemaison (1982) visait à casser le monopole du travail social en matière de prévention de la délinquance (proposition n°14) et à introduire de nouveaux acteurs (police, justice, notamment) sous l'égide du maire de la commune, ce dernier présidant le conseil communal de prévention de la délinquance (CCPD).

II - L'ère des nouvelles politiques de prévention

A partir de 1983, le conseil national de prévention de la délinquance (CNPD) joue un rôle central dans la mise en œuvre des politiques de prévention. Cette instance, par l'intermédiaire de contrats d'action de prévention (CAP) finance par l'intermédiaire des CCPD des actions allant de la *sécurité publique* (éclairage de rues, amélioration des systèmes de transmission de la police) à des opérations *prévention-été* destinées à associer les jeunes de milieux défavorisés à la conception et la réalisation de leurs vacances. En 1987, le nombre de CCPD, s'élevait à environ 500, une partie importante de ces sites étant situés dans les villes à fort taux de délinquance ou réputées *difficiles*.

---

le baccalauréat n'est pas exigé. Dans une recherche menée au milieu des années 1980, j'ai montré en quoi les éducateurs de la protection judiciaire de la jeunesse diffèrent tant par leurs trajectoires que par leur idéologie, de l'univers de l'éducation surveillée, cf. Duprez (1987).

Dans les années 1980, le CNPD n'a cependant pas le monopole de la prévention. D'autres dispositifs empiètent sur son domaine.

D'abord la commission nationale pour le développement social des quartiers (CNDSQ), mise en place dès 1981. Placée également sous l'autorité du premier ministre, elle est composée d'administrations, d'élus, d'organismes sociaux, de syndicats, de représentants d'associations, d'habitants. Elle apporte des financements à des dispositifs locaux sous l'autorité d'un chef de projet DSQ pour la réhabilitation de logements, pour l'aménagement des espaces extérieurs mais aussi pour encourager des démarches participatives, des actions en faveur des immigrés, les loisirs de jeunes, etc... La nature des interventions sur les quartiers objets d'une procédure DSQ sera fonction des volontés locales. Bien souvent, le DSQ s'est essentiellement focalisé sur la réhabilitation des logements et l'aménagement urbain, dans ce cas l'action d'un éventuel CCPD est complémentaire. Dans d'autres cas, le maire peut refuser la mise en place d'un CCPD, trouvant le dispositif trop stigmatisant et tenter de faire intégrer la prévention de la délinquance dans le cadre du DSQ.

A la rentrée 1982, sont mises en place des zones d'éducation prioritaires (ZEP) sur quelques 350 écoles et collèges, pour développer des programmes adaptés aux enfants en difficultés scolaires. En 1986, les trois quarts des établissements en zone DSQ étaient en ZEP. Dans ce cadre, des actions préventives ont été menées, notamment en matière de lutte contre la violence ou contre la toxicomanie.

Enfin, il faut ajouter en marge de ces dispositifs, les *opérations été-jeunes*, parfois qualifiées de *plans anti-été-chaud* qui furent gérées par le ministère des Affaires Sociales depuis 1982. Grâce à beaucoup de souplesse lors de leur lancement, à la mobilisation de partenaires aussi divers que l'éducation surveillée, l'armée ou le club Méditerranée, ces opérations contribuèrent à dynamiser le secteur associatif et à modifier certains usages (absence d'animateurs pendant les vacances ou fermeture des piscines, par exemple), même si l'objectif prioritaire était plus *occupationnel* que réellement *préventif*, si on entend par là des actions sur les causes des comportements déviants.

Si ces dispositifs sont tous interministériels, ils ont une tutelle principale qui les différencie. Malgré tout, on peut dégager des lignes directrices en matière de prévention.

La territorialisation des actions d'abord : d'une population-cible qui amenait souvent les professionnels du social à se fabriquer une clientèle assez éloignée des objectifs initiaux, on passe à partir de 1982 à une identification de lieux clairement repérés, le plus souvent à l'échelle du quartier. La stratégie consiste à introduire une plus grande souplesse de l'action grâce à une meilleure connaissance des besoins réels. En effet, en réduisant la distance entre le terrain et les instances de décisions, on peut prétendre à des actions adaptées, en prise avec la réalité, surtout si les personnes concernées sont à la fois intéressées et à même de participer.

On peut dire que la décentralisation de la gestion de la délinquance et des incivilités introduit des possibilités de souplesse. Elle a aussi l'avantage d'élever ces sujets au rang des préoccupations dignes d'intérêt pour tous. Un des mérites essentiels de ces dispositifs a été de mettre en relation des acteurs qui s'ignoraient le plus souvent : policiers, magistrats, travailleurs sociaux, représentants d'associations et, bien entendu, les élus qui, traditionnellement dans le système français étaient dépossédés des questions de sécurité et de prévention.

Une seconde ligne directrice de ces opérations est la sensibilisation des acteurs sociaux aux problèmes de leur quartier notamment par le recours entre 1982 et 1986 à la professionnalisation comme animateurs, de jeunes considérés comme des *leaders* dans leur quartier. On peut y voir une ouverture et la recherche d'une plus grande efficacité du contrôle social dans ces quartiers où la délinquance est souvent élevée. Mais, en même temps, ne peut-on voir dans cette situation un retour à une idéologie d'après-guerre valorisant, dans le travail social, le vécu par rapport au savoir, la vocation par rapport à la formation ? N'y-a-t-il pas également une illusion dans ce processus ? Considérer ces jeunes comme des professionnels potentiels, c'est certes reconnaître leurs compétences, mais aussi souhaiter pour eux une formation, donc une promotion signifiant un renoncement à cette fonction de *leader*, de porte-parole des jeunes du quartier.

Si ce recours à des jeunes issus du milieu n'était pas exempt de contradictions, il avait le mérite d'identifier clairement des professionnels de la prévention. Or, si ces dispositifs ont généré de nouvelles professionnalités, je pense notamment aux agents de développement social, aux chefs de projet et aux nombreux contractuels des administrations de mission (Chevalier, 1990), elles n'ont pas remplacé les anciens métiers du travail social mais cohabitent, plus ou moins bien avec eux, à travers le partenariat qui a souvent été imposé comme condition nécessaire à l'obtention de financements. Si le nombre de professionnels a très fortement augmenté par la diversification des métiers, la plupart ne peuvent être considérés comme des professionnels de la prévention, mais ont parmi leurs nombreuses missions celle de s'occuper des jeunes, mission qui est loin d'être la plus valorisée.

Plusieurs dispositifs passent donc par un travail de partenariat remettant en cause les pratiques, les idées, les fonctionnements institutionnels, les attributions de certains agents, cette concertation ne s'opère pas sans résistance.

Pour pouvoir fonctionner, le partenariat est amené à mettre l'accent sur les aspects consensuels et à éviter les sujets problématiques. C'est ainsi que les décisions prises par les conseils communaux de prévention de la délinquance n'induisent généralement pas de réorganisation fondamentale mais portent plutôt sur des améliorations telles que l'informatisation d'un commissariat, l'éclairage public, etc... Il s'agit bien là d'une logique de *coups* et non une refonte des politiques d'ordre de la cité dans lesquelles sont de plus en plus ancrées les politiques sociales de la jeunesse.

III - Lignes de force et faiblesses du "modèle français" de prévention

De nombreux auteurs soulignent le risque de tomber dans un *excès de généralité* (Robert, 1991). Examinant un échantillon de contrats d'action de prévention passés entre l'Etat et des villes, C. Lazerges (1991) suggère quelques indices préoccupants : une forte majorité d'actions peu ou pas ciblées, une articulation parfois lâche ou seulement formelle avec des objectifs de prévention. Dans une évaluation nationale des opérations été-jeunes, L. Dubouchet (1990) hésite à conclure entre une politique de prévention et une animation banalisée.

Dans ce contexte d'interrogations légitimes sur l'efficacité des politiques de prévention, certains acteurs et chercheurs, procèdent à de véritables réquisitoires comme les politiques de la ville. Je pense aux thèses alarmistes développées par A. Jazouli (1992) sur l'état des banlieues, sur l'emprise de l'économie de la drogue, sur l'incapacité des dispositifs à apporter des réponses à l'anomie des cités. Si l'auteur pressent fort justement que ces changements sont intervenus dans les cités depuis la parution de *La Galère* (Dubet, 1987), le manque de rigueur méthodologique dans l'enquête et sa focalisation sur la question des *dealers* l'amène à tenir des propos parfois excessifs. Plus préoccupante est l'analyse néo-libérale de S. Roché (1994) qui critique un Etat et des professionnels envahissants (p. 120) la *débâcle de la société, son incapacité à imposer des normes* et qui *ne sait que trouver des réponses techniques* (p. 138), l'orientation des politiques publiques sur les quartiers alors que le *territoire ne constitue un cadre d'identité que pour les marginaux, c'est une option par défaut faute d'entrer dans la modernité* (p. 167) et, après bien d'autres auteurs, la *faillite du modèle républicain d'intégration* (p. 173).

Une réflexion globale établie à partir de la littérature et de mes propres enquêtes m'amène à insister sur la complexité des réponses à apporter à l'état avancé de dualisation de notre système social et à éviter les jugements péremptoires sur les politiques préventives. Si modernité il y a, on n'y reste pas en dehors simplement parce que les politiques de la ville produisent des effets pervers. Il reste qu'une évaluation des politiques menées depuis un peu plus de dix ans s'impose.

1 - Du maintien de l'ordre public au "mille-feuilles"

Les politiques locales de prévention, les réponses apportées par les pouvoirs publics aux difficultés que connaissent les populations et les jeunes, le regard du central sur la périphérie, sont des facteurs qui non seulement interviennent sur la réputation d'un lieu mais qui contribuent à la paix sociale.

Le rapport de J. M. Delarue (1991) sur le bilan des politiques de la ville est sans complaisance sur ce point. En évoquant les missions de l'Etat, il insiste sur la première qui est *celle de la paix sociale. Naturellement, une telle perspective suscite la réprobation et l'ironie : si la politique de la ville n'est faite que pour empêcher les pillages de magasins... Elle ne peut être faite que pour cela. Mais elle est conçue aussi pour ce motif.*

Il serait pour le moins illusoire d'oublier qu'une des missions essentielles de l'Etat est le maintien de l'ordre public même si depuis le début des années 1980, la mission de solidarité s'est adjointe à la première ce qui peut perturber d'ailleurs la logique de décentralisation qui a triomphé parallèlement puisque l'action sociale relève des départements.

Si on peut admettre que la mise en place d'une politique de développement social des quartiers ne soit pas totalement marquée par le sceau de l'urgence puisque dès le début des années 1980 une réflexion s'amorce qui conduira à la création de la commission nationale de développement social des quartiers (CNDSQ)[3], la mise en place d'autres dispositifs ont eu chacun leur raison d'être et ont permis d'éviter le renouvellement des

---

[3] C'est à l'issue des *assises pour l'avenir des cités d'habitat social* tenues en 1981 à la suite d'initiatives de l'union nationale des fédérations d'organismes HLM et de l'association des maires de France qu'a été créée la CNDSQ. On trouve la genèse du développement urbain *in* F. Lévy (1990).

violences de l'été 1981 au moins jusqu'au début des années 1990. Mais elles signifient aussi un échec. J. M. Delarue dans son rapport (1991) fait un constat lucide de la situation : *Le malheur est que ces politiques horizontales ont été soigneusement superposées, comme les couches successives d'un mille-feuilles. Elles ont donné lieu à la création de ministères nouveaux et d'administrations nouvelles, le plus souvent réputées de "mission".*

Celles-ci sont créées sous la pression de l'urgence et sont le résultat d'une sorte de fuite en avant : les administrations centrales, trop *verticales* ne peuvent être coordonnées suffisamment pour prendre en charge tous les aspects de la vie d'un *public* : dès lors il convient de créer une délégation gestionnaire de la nouvelle politique horizontale.

On peut ajouter que la coordination de ces dispositifs s'avère difficile sur le terrain. Il y a de fait des phénomènes de concurrence entre dispositifs et, plus encore, il y a là un espace de jeu pour les bénéficiaires qui peuvent aller de l'un à l'autre selon les circonstances et les échecs. Dans le cas des municipalités qui émargent sur les différents dispositifs, il y a souvent de grosses difficultés à gérer des outils qui ont chacun leur philosophie. Il est donc tentant de les considérer comme de simples lignes budgétaires que l'on obtient par pression politique ou par la fabrication d'artefact.

B. Jobert (1985) avait démontré que les administrations de mission jouent souvent un rôle décisif pour imposer la politique d'un gouvernement après une alternance. Mais aujourd'hui, on peut constater une usure des dispositifs. Entre 1982 et 1986, les politiques d'ordre public et d'aménagement urbain ont été novatrices, elles ont permis un foisonnement d'idées et d'expérimentations et, surtout, elles ont contribué à la territorialisation des actions et un travail de partenariat. Ceci est un acquis très important même si ceux qui ont porté cette politique s'interrogent sur la portée réelle du partenariat[4].

---

[4] CNV, 1992, p. 36.

Cependant, la complexité de la situation française vient de ce que les dispositifs sont mis en place sur des enjeux ponctuels et qu'ils perdurent au delà du nécessaire. Un dispositif ne remplace jamais un autre, ils cohabitent.

Avec le temps, on peut se demander si ces dispositifs ne perdent pas leur dynamisme et ne finissent pas par oublier les raisons pour lesquelles ils ont été mis en place. Le cas des opérations anti-été-chaud, qui ont été l'objet d'observations longitudinales, est là pour en témoigner.

L. Dubouchet, dans une évaluation des opérations été-jeunes (1990), note que *la prévention sociale de la délinquance est 'dans et partout' à tel point que la cible du dispositif semble souvent indistincte. Les actions se globalisent dans des programmes de vacances municipaux et les ressources mises en œuvre ne sont pas toujours adaptées à la protection des jeunes manifestant des déviances.* Dès 1985, nous notions des glissements entre les objectifs fixés par les circulaires et les projets retenus à l'échelon départemental (Duprez, 1986). Aujourd'hui, l'animation de la petite enfance émarge sur le même budget que des actions menées en direction d'adolescents en difficulté, ce qui limite, bien entendu, ces dernières.

L. Dubouchet ajoute, dans cette étude, que *les cellules opérationnelles... n'ont pas capitalisé la connaissance engrangée au fil des années ni su manifester la technologie qu'elles représentent pour fertiliser les autres coordinations territoriales apparues depuis leur installation.*

Ce constat peut paraître sévère. Cependant, il s'appuie sur des observations réalisées sur un échantillon national de situations locales. La décentralisation du dispositif a aussi contribué à sa politisation. Les intérêts notabiliaires sont présents, les partages sont réalisés autant selon de savants dosages politiques et territoriaux que pour l'intérêt et l'importance des projets.

L'usure des dispositifs semble assez générale. A propos des opérations DSQ, là aussi des évaluations partielles montrent des questionnements sur le bilan. Ainsi, peut-on lire dans un bilan préparatoire au contrat de plan : *jusqu'à présent, les opérations DSQ, souvent trop axées sur une seule ligne d'action (par exemple l'amélioration de l'habitat, ou le développement de l'action sociale) n'ont guère conduit à des résultats satisfaisants : aucun quartier n'est encore sorti de la procédure DSQ. Au contraire, on a plutôt assisté à une concentration encore plus marquée des problèmes sociaux sur ces quartiers : suite aux opérations de dédensification et de démolition des logements insalubres, ce sont en fait les ménages les plus solvables qui ont quitté le quartier. D'autre part, l'image positive des structures d'action sociale mises en place a attiré d'autres ménages défavorisés, en provenance des quartiers voisins ou d'autres communes*[5].

A juste raison, J. M. Delarue (1991) rappelle que *personne ne peut tenir la comptabilité des violences évitées : telle est la marque des politiques sociales de prévention.* Bien entendu, la politique de développement social des quartiers a permis sur de nombreux sites de faire reculer des phénomènes d'exclusion, de mener une politique de qualification des populations, de s'appuyer sur les dynamiques associatives pour faire des habitants des acteurs du changement social dans ces quartiers. Mais, par surcroît, on note généralement une faible inscription des projets de quartier dans celui de la ville et des dynamiques intercommunales.

La question de l'échelle d'intervention n'est pas neutre. La volonté d'avoir une démarche de proximité tenait à l'argument central de *faire de la ville* dans le quartier, en l'équipant, en le dotant de dispositifs d'action au quotidien, en s'appuyant sur la proximité pour opérer le changement et assurer donc les conditions de développement du site. Les moyens apportés par le DSQ devaient dès lors permettre de mener une politique spécifique, adaptée, de discrimination positive, parce que ces quartiers relégués sont justement des espaces à niveau de développement inégal avec les centre-villes et les quartiers résidentiels.

[5] CODRA, 1990, p. 68.

Mais mener un projet à la seule échelle du quartier, nécessaire condition d'amorce du changement social, n'est pas suffisant. Le projet du quartier n'a de sens qu'intégré à la dynamique de développement social et urbain de la ville, voire de l'agglomération. En matière de lutte contre la criminalité, il est évident que la zone d'intervention des déliquants n'est pas le quartier où ils habitent, ni même la circonscription de police urbaine. L'approche méthodologique liée au passage du quartier à la ville s'est donc matérialisée avec la transformation de la CNDSQ en *Délégation interministérielle à la ville* (DIV) en 1989. Cette transformation a été âprement discutée, non pas sur la nécessité qu'il y a d'articuler le projet de quartier avec celui de la ville mais sur le risque réellement identifié aujourd'hui de diluer le projet du quartier dans celui de la ville. Le projet de quartier n'a de sens que dans celui de la ville, mais le projet de la ville peut ne pas tenir compte de celui du quartier.

Il a été souligné qu'une des missions essentielles des politiques de prévention est de réguler les conflits sociaux, d'éviter les débordements et les manifestations de violence. Ceci est loin d'être négligeable.

Mais ces interventions contribuent également à redonner du sens, à permettre à des acteurs sociaux de renouer des liens sociaux et d'accéder à une identité positive par rapport à des logiques institutionnelles et politiques qui contribuent à leur stigmatisation.

IV - Les acteurs des politiques de prévention

Le concept clef de la prévention traditionnelle était celui de population-cible qui amenait souvent les professionnels du social, avant tout les éducateurs spécialisés, à se construire une clientèle assez éloignée des objectifs initiaux. Le décalage était patent entre le discours construit autour de la notion de marginalité et les caractéristiques sociologiques réelles des populations prises en charge[6].

---

[6] Voir le chapitre de De Cock et Grané *in* Liégeois (1977).

A partir de 1982 on passe à une identification de lieux clairement repérés, le plus souvent à l'échelle du quartier. La stratégie consiste à introduire une plus grande souplesse de l'action grâce à une meilleure connaissance des besoins réels. En effet, en réduisant la distance entre le terrain et les instances de décision, on peut prétendre à des actions adaptées, en prise avec la réalité, surtout si les personnes concernées sont à la fois intéressées et à même de participer.

L'incitation au partenariat est d'ailleurs très forte. C'est une condition même indispensable pour obtenir des financements lors des premières opérations de prévention anti-été-chaud. Dans le cadre des conseils communaux de prévention de la délinquance (CCPD), certains partenaires comme la police, la magistrature et plus généralement les représentants des administrations sont contraints d'y participer, les élus locaux étant également vigilants sur leur présence effective. En pratique l'implication des acteurs institutionnels est très variable suivant que la participation fonctionne à l'empathie, ce qui est souvent le cas pour les réunions DSQ, ou que la représentation formelle domine, ce qui est fréquemment la situation des réunions très solennelles des CDPD[7] et des CCPD. Dans ces dernières structures, les institutions sont souvent représentées à leur plus haut niveau hiérarchique avec souvent peu de conséquences sur les pratiques professionnelles.

Au niveau du travail social, Jacques Ion (1990) souligne que les nouveaux dispositifs viennent mettre en cause une identité déjà fragile. Quand policiers, enseignants, et surtout bénévoles se trouvent conviés à prêter main-forte dans les quartiers étiquetés *sensibles*, que peut-il rester d'une professionnalité qui doit être tant partagée ? Il n'est donc pas étonnant que la plupart des travailleurs sociaux tentent davantage d'accommoder ces dispositifs plutôt que de s'y investir pleinement. Ce sont donc les nouveaux venus qui s'y investissent le plus, en premier lieu les jeunes issus de ces

[7] Comités départementaux de prévention de la délinquance.

quartiers qui trouvent là une occasion inespérée de professionnalisation.

Faut-il craindre, comme J. Ion (1991) que les nouveaux agents de ces quartiers ne soient plus que ceux d'une police rénovée ? C'est un point de vue peut-être excessif mais qui témoigne que, de plus en plus, le travail social est partie prenante des politiques d'ordre public. L'antipathie profonde qui construisait l'identité professionnelle du travailleur social vis-à-vis de la police a sensiblement reculé au cours des dernières années. Police qui n'a d'ailleurs fait que des apparitions furtives sur la scène de la prévention. Les CCPD sous l'égide des maires et des commissaires de police, n'ont guère encouragé la pratique de l'îlotage. Ces derniers ont préféré créer des brigades spécialisées, notamment des BAC (brigades anti-criminalité)[8].

Contrairement à ce qui se passe en Angleterre et en Allemagne, la police française n'intervient que ponctuellement dans des actions de prévention, sa présence est symbolique.

Ce ne sont pas les agents les plus proches du terrain qui sont sollicités pour participer aux dispositifs de prévention mais plutôt les membres de la hiérarchie. Ce sont toujours les commissaires qui reçoivent l'information et celle-ci ne redescend pas auprès de leurs subalternes dans la plupart des cas. Les commissaires sont devenus trop souvent des experts ès statistiques, les garants de l'approche scientifique, les représentants de l'ordre public dans les CCPD. Ils ne se considèrent pas, et souvent ne sont pas considérés comme des acteurs de la prévention. Un autre indicateur tangible de cette analyse est la place de l'îlotage dans la plupart des commissariats qui est insignifiante et résiduelle. Lorsque la hiérarchie décide comme à Roubaix de mobiliser des forces substantielles dans l'îlotage, elle se heurte à de violentes oppositions au sein de l'institution policière (Mouhanna, 1991), beaucoup d'agents considérant qu'il ne s'agit pas là du *vrai travail policier*, la répression gardant les lettres de noblesse. Le

---

[8] C'est ce qui ressort de CNV, 1992.

rôle d'animateur joué par des CRS[9] et des gardiens de la police urbaine dans les centres de loisirs des jeunes (CLJ) lors des vacances d'été est généralement décrié par la base policière. Les policiers-animateurs interviewés ne cachent généralement pas que leurs motivations sont essentiellement financières même s'ils y trouvent également un intérêt sportif. Le nombre de 35 CLJ sur l'ensemble de la France relativise déjà l'engagement de la police dans des actions d'animation.

D. Monjardet (1991) explique cette réticence de la base policière à s'engager dans des actions de prévention aussi par un obstacle organisationnel qui résulte, en partie, de la non-mesurabilité des actions préventives.

Dans le système d'organisation de la police nationale, seules en effet sont tenues pour significatives les activités susceptibles d'être objectivées dans un chiffrage (les statistiques dites d'activité : flagrants délits, gardes à vue, affaires élucidées, etc...) et de recevoir une sanction positive des responsables hiérarchiques. Inversement, on ne dispose pas d'indicateurs fiables susceptibles de sanctionner l'implication des services de police dans les activités préventives. On sait également la difficulté de mesurer les faits de délinquance qu'un travail préventif a permis d'éviter.

Un dernier obstacle, qualifié de "professionnel", corollaire du précédent, renvoie à la culture professionnelle du monde policier, c'est-à-dire à la hiérarchie des valeurs qui fonde ses pratiques. Ici encore, et comme nous l'avions indiqué à propos de l'îlotage, l'action (le flagrant délit) et la *belle affaire* sont connotées positivement, tandis que la dissuasion et le règlement des dysfonctionnements de la vie sociale sont assimilés à du travail social.

La volonté affichée de la hiérarchie de développer une police de proximité pourrait cependant permettre de développer un partenariat sur le terrain notamment en développant les contacts avec les travailleurs sociaux et les enseignants.

---

9 CRS : compagnies républicaines de sécurité, unités de police spécialisées dans le maintien de l'ordre et organisées sous un mode para-militaire.

Le bilan de la mise en œuvre des 64 propositions du CNPD réalisé en 1992 par le CNV est encore plus critique vis-à-vis de la justice. Le rapport souligne le cloisonnement de l'institution et un durcissement de l'appareil judiciaire dans la dernière période, avec un repli sur des solutions de type carcéral. La durée moyenne de détention ne cesse de s'allonger, de sorte que les prisons françaises comptent à l'heure actuelle 15 000 détenus de plus qu'en 1982. Le nombre de places de prison a quasiment doublé en dix ans, passant de 27 000 en 1982 à 50 000 environ en 1992.

Certes des initiatives spectaculaires ont été prises ces dernières années, mesures de récupération, aide aux victimes, tutelle communautaire, etc... mais comme dans la police, les actions de prévention sont portées par des individualités militantes et se heurtent à de fortes résistances à l'intérieur de l'institution.

V - La recherche d'un second souffle ?

Avec la concentration des dispositifs à l'échelon municipal et leur multiplication, le risque est là que ces dispositifs se technocratisent, se coupent de la population des quartiers les plus stigmatisés et d'une participation effective des acteurs à la recherche des réponses à leurs difficultés.

L'étude de G. Chevalier (1990) montre que, dans un secteur à faible structuration institutionnelle, la conduite des politiques résulte plus des déterminations endogènes (oppositions internes d'intérêts, rapports sociaux au sein des administrations) que des arbitrages opérés par la technocratie entre les intérêts sectoriels et les intérêts globaux. C'est ainsi que pour les opérations été-jeunes, *il est patent*, dit Gérard Chevalier, *que son organisation et ses modalités de mise en œuvre durent beaucoup plus à la dynamique d'un groupe affinitaire qu'à une réflexion technocratique*.

La qualité des liens noués entre les acteurs locaux et les techniciens du pouvoir local d'une part, les chargés de mission des échelons centraux et régionaux d'autre part, contribue fortement à l'obtention des crédits. En conséquence, lorsqu'il y a des départs, c'est tout ce terrain qui est à reconquérir. Pour peu que le quartier n'arrive pas à attirer à lui de nouveaux professionnels dynamiques, c'est la poursuite même des actions de prévention qui est en cause faute de financements et de professionnels pour les mettre en œuvre. Les administrations traditionnelles ont leurs limites qui sont bien connues mais elles avaient au moins le mérite de la stabilité. Une maison de développement portée par les financements des administrations de mission peut s'effondrer du jour au lendemain sans que cela n'émeuve personne, hormis ses utilisateurs et les habitants du quartier. D'une manière insidieuse, les administrations de mission ont substitué une logique de marché à la règle traditionnelle de la redistribution dans une logique de service public ; n'était-ce pas la conséquence inéluctable de la fin de l'Etat-providence ?

La caractéristique majeure de ces programmes reste leur faible inscription dans la durée. Deux contraintes fortes président cette situation : la première tient au caractère même de la politique de la ville, c'est-à-dire à l'inscription de ces programmes dans des démarches contractuelles et limitées dans le temps. Les opérations engagées restent en effet liées à une procédure conjoncturelle, même si la préoccupation de l'Etat se veut généralement soucieuse d'une continuité de ces opérations, qui rencontrent d'ailleurs fort souvent un écho favorable de la part des élus locaux.

La seconde contrainte tient à la faible inscription des dispositifs partenariaux liés à la politique de la ville dans les logiques de fonctionnement des politiques publiques. Dans une même commune, un CCPD peut être un lieu de partenariat fort représentatif des acteurs directement et indirectement concernés par la prévention de la délinquance ; mais, parallèlement, les orientations des structures d'insertion des jeunes ou des services judiciaires peuvent être en totale contradiction avec les propositions de conciliation souhaitées et validées par l'ensemble des partenaires représentés dans le même CCPD.

Ces contraintes fortes marquent les limites d'une politique de la ville dont les innovations et les résultats restent faiblement capitalisés par les politiques publiques et donc faiblement relayés dans la durée. Plus grave, l'arrivée d'un nouveau programme ne remet pas en cause l'ancien, rajoutant ainsi la confusion à la multiplicité des dispositifs[10] faisant que dans certaines localités le quartier DSQ tend à être traité par les seules procédures particulières parce que désigné comme tel.

Une étiquette devient vite infamante simplement parce qu'elle particularise, parce qu'elle permet au centre de renforcer son identité par rapport à la périphérie. L'encerclement des banlieues par des dispositifs stigmatisants contribue paradoxalement à ancrer ces quartiers dans un monde à part, à reléguer leurs habitants, en particulier les jeunes de ces cités. Cela ne veut pas dire qu'il ne faut rien faire mais que les actions horizontales doivent être un élan pour les politiques de droit commun, pas un substitut.

Les résultats incontestables de certaines actions de prévention masquent les résistances des administrations traditionnelles, notamment la prégnance du modèle répressif au sein de la police et de la justice, renforcé par le retour en force du pouvoir des préfets.

---

[10] La seule DIV est créditée d'une vingtaine de programmes et certaines communes comme Roubaix sont l'objet d'une trentaine de procédures différentes contribuant ainsi à un véritable émiettement de la cohérence locale.

NEW FORMS OF CRIME PREVENTION : THE DUTCH EXPERIENCE

Jacqueline de Savornin Lohman

On commence par montrer l'ambiguité du discours officiel sur la prévention aux Pays-Bas : il appelle l'attention sur le danger présenté par la délinquance tout en affirmant que la situation est sous contrôle grâce aux politiques mises en oeuvre. Puis le texte s'attache à décrire une première phase (1985-1991) ciblée sur la petite délinquance et sur ses victimes potentielles. Une période plus récente voit s'opérer une certaine recentration des politiques de prévention sur la délinquance sérieuse. Le rapport se termine par un exercice de prospective concernant l'avenir de la prévention, la politique sociale, celle des stupéfiants ou encore la politique dite d'innovation sociale.

The author first point to the ambiguity of the official attitude towards prevention in the Netherlands : it directs attention to the danger represented by crime, and at the same time asserts that the situation is under control, thanks to the policies implemented. The text then describes a first phase (1985-1991) during which petty crime and its potential victims were the target. More recently, prevention policies have shifted their focus somewhat to serious crime. The report ends with a forecast of the future of prevention, social and drug-related policies and what is known as social innovation policy.

Before I serve the main dish, the presentation of new crime prevention policies in the Netherlands, let me tell a short story as an appetizer.

While I was sitting in the waiting room of a hospital in Leiden my eye was caught by the headline of a magazine for the personnel of the hospital *Increase of agression by patients against personnel in first-aid centre* (*Cicero*, 14 February 1992). The article includes several interviews with security guards and nurses. They all complain about the increase in agressive behaviour by patients, and the difficulties which they encounter during working hours, especially at night. In the past, support from the security personnel was necessary about twice a month, but nowadays their assistance is requested two to four times a week. The article continues by presenting data on the growing number of first-aid patients, who are under the influence of alcohol or drugs, but at the same time the article mentions adequate measures already in use or being developed, such as video cameras, alarm-bells and intensification of security. One of the answers is intensified control of the main entrance by security guards. In future the only nurse on duty during the night will be accompanied by a 'body guard'. Mention is made of discontented patients and of several thiefs and burglers in and around the hospital who security personnel has to deal with. A nurse is quoted : *things are not as serious as the guards claim. Most of the time the agression is only verbal. Nowadays, patients are assertive and more demanding, they ask for a doctor to be called and tend to forget he needs a good night's sleep*. The personnel are trained to deal with these patients in order to prevent escalation. The article states that in other hospitals the situation is even worse. The personnel are victimized and sit behind unbreakable glass windows.

This article, which refers to situation in a hospital, contains in a nutshell all the elements which play a role in the debate at the national level.

First the management (government) has a dual concern : on the one hand, to show, that crime is rising (in order to make people aware of the risks and willing to take measures themselves or accept measures wich 'the top' announces). At the same time the message has to be reassuring : things are not really that bad ; measures have already been taken, or are being developed, to improve this threatening situation. The fear resulting from information about the rising level of crime is diminished by the simultanuous message : *we do what we can, but we need your support*. A *second* common pattern consists of the proposed remedies : increased policing, training in social skills, techno-prevention and raising the level of tolerance by using positive cultural explanations (people are like that, they seem rough but don't mean it that way, it is the result of better education, we ought to understand other cultures, other lifestyles). In this particular instance the security guard tries to extend his activities, both in the sphere of general prevention (control of the main entrance) and special prevention (bodyguard assistance to nurse). In the public debate police forces act the same way. The training of the personnel (how to deal with clients who may become agressive) is also a well-known part of police training. The comparative method used represents a *third* parallel : *things are worse in other hospitals*, is a style also practiced on the national level. Data presented make clear that in other countries the situation is worse. *Finally* a common pattern concerns the question : why does the management (government) start this risky discussion ? The answer is that if the management ignored these events they might be faced with even a greater risk. If the events are discussed informally by the personnel during a coffeebreak or during working hours, fear and even mistrust of the management's abilities might increase. There is also the danger of further deterioration of the hospital's social climate, when repressive measures of an unsympathatic, client-unfriendly nature, have to be imposed. The management knows that security personnel will talk anyway, claiming extra money or more discretion, in order to be able to do their job.

We recognize this dynamic on the national level. Crime is always with us and, if we belief the media, crime is always on the increase. Many professionals are involved in dealing with crime. They are employed by the police force, the prison service, or the judiciary. A large section of the public has recent experiences with crime, either as a victim, or as an offender. Everyone of us is a consumer of 'crime as a human drama' ; it is part of our culture. Thus, there is a permanent public awareness. The function of crime prevention programmes launched by the government is not only to prevent crime, but also to reassure the public. The minister of Justice is under constant pressure to make clear to the public that, although crime is a serious problem, he is succeeding in his task of keeping crime at an acceptable level. This 'double-bind position' explains part of the 'double talk' that takes place when crime is discussed on the political level (Edelman, 1988).

I - Prevention Policy of *Petty Crime* 1985-1991

Dutch crime figures have shown a strong increase since the mid sixties. Since 1974 they are supported by another source of information : the victim-surveys. These surveys cover property crimes, vandalism and violence, and concentrate on individual victims (f.i. companies and victims of white color crime are not included). This constant flow of information about the rising crime level, combined with the demands of specific groups, such as victims of sexual violence, has brought the crime issue into the political agenda.

In 1985 the Minister of Justice launched a comprehensive plan "Society and Crime" designed to combat crime in the period 1985-1990. This plan makes a division beween 'serious crime' and 'petty crime' (later changed in 'frequently occurring crime'). The answer for the serious crime problem was found in strengthening the criminal justice system, modernization of the police and a 50% increase of the capacity of the penitentiary system. the emphasis of the plan was laid on the battle of frequently occurring crimes. It announced a crime prevention policy which went further than the well-known technical security measures. Following the footsteps of the Advisory Committee on Petty Crime (Roethof Committee), it proposes that other ministries, public authorities at local level, business, private organisations and individual citizens, they all should take their share in combatting the most commonly occuring crimes like vandalism, burglary, theft, violence. It adopted the broad concept of crime prevention of the Roethof Committee. By making use of the attachment theory, it was possible to include education, mental health, and even individual citizens as responsible parties for promoting crime prevention.

Some concrete goals were :

-improve the physical design of urban environments ;

-(re)introdruce into 'risk' environments (blocks of flats, shopping centers, public transport) people who, as part of their job, exercise functional surveillance ;

-find ways to strengthen bonds between youngsters and society (family, school, leisure time employment).

A strong infrastructure for the implementation of the plan was set up. An Interdepartemental Committee for social Crime Prevention was set up under the chaimanship of the Director General for Police and Immigration of the ministry of Justice. A directorate of Crime Prevention, under the leadership of the former director of the Scientific department of the ministry of Justice (WODC), Dr Jan J.M. van Dijk, was established. This directorate started a central databank on crime prevention literature and functions as distribution point for the international Crime Prevention Information Network (ICPIN). The task of the Committee was to coordinate and stimulate the implementation of the policy of prevention, that had to be carried out by several ministries (Health, Education, Public Transport etc). Also, the Committee could finance promising projects on the local level (a fund of 25 million dollar). 10% of the money was reserved for evaluation studies by the WODC. The criteria for subsidied projects were :

-approval of the project by the 'Triangle Consultation' (this refers to the meeting of the Mayor, the Chief of Police and the Public Prosecutor in the regional district) ;

-local authorities should participate in financing the project ;

-local authorities had to guarantee the continuation of the project on its own account ;

-evaluation of the project on its effects.

About 100 municipalities applied for a subsidy with a number of projects ; 200 projects were selected by the Committee. The immediate effect of the new policy was reflected in a great number of activities, both at local and central level : the ministry of Justice and the ministry of Interior Affairs (police).

The necessity to evaluate subsidied crime prevention projects stimulated the production of criminological research. In most cases, however, it was impossible to evaluate the effects because of lack of clarified goals or baseline measurement. Thus the bulk of the research done consists of process-evaluation, a type of research which proves people did their work properly, but does not say anything about the effects on the behaviour of the citizens. However in 1992, the WODC conducted a 'meta-evaluation study' of the subsidied projects[1]. Data were gathered on a total of 280 prevention measurements and 106 measurements of the effects on the level of crime. They were evaluated within the framework of a prevention model, constructed by the researchers. This model is based on the *rational choice theory* and defines three aspects of crime prevention measures :

- orientation (situation, person and/or offence-oriented) ;
- range (the spectrum of possible crime situations, of potentiel offenders and of offences) ;
- strategy (influencing the potential offender with respect to his perception of the profits resulting from the crime, the required effort, the possible sanction, the chance of receiving a sanction, and his moral standards).

The results of this meta-evaluation were rather disappointing. In 37% of the subsidied projects, no effort whatsoever was made to measure the effects. If any measurement was carried out, the research design was very

---

[1] Polder, Vlaardingen, 1992.

simple. Of the 106 measurements, only 43 were judged as useful for the meta-evaluation.
It turns out that most (73%) of the measures taken were situation-oriented. In other words, they were based on a conventional form of techno-prevention. An analysis of the few effective projects shows that the most effective measures are offender-oriented. The message is : increase the effort needed to commit the crime and increase the formal or informal sanctions. Strategies aiming at a decrease of social profits (like peer group esteem), the enhancement of informal social sanctions, and the strengthening of moral standards, are less often effective[2].

The results of five years of crime prevention were discussed in a special issue of the scientific journal of the ministry of Justice[3]. The predominant conclusion was that after five years the results of the policy effort were disappointing. One of the authors, Bruinsma, formulated this general conclusion as follows :

After years of hard work, intensive efforts and great enthousiasm by innumerable civil servants, agencies, municipalities, policemen, school teachers, managers, youth workers, social workers, technicians, parents and social scientists it becomes clear that crime prevention measures come down to : preventing vandalism and theft being committed in parking, shopping centres and schools.

According to Bruinsma, a particularly disappointing outcome is, that nothing can be said about the effect on the level of crime. Five years of crime prevention resulted in a outburst of activities ; people building fences, improving the lighting of buildings, houses and streets, installing alarms. Bruinsma concludes that the net result on a theoretical level is that *the opportunity theory* dominates over the *social control theory*, while the *attachment theory* plays no role whatsoever. The aim of the *Society and Crime Plan* to broaden the concept of crime

[2] Quoted from the summary of the study of Polder and Van Claardingen, 1992, 83-84.
[3] Polder, Bruinsma, 1992, 2.

prevention by making use of the attachment theory has not been attained. Refering to *Sutherlands theory of the mobilisation of social counterfailing powers* Bruinsma suggests that the reduction of certain forms of petty crime, in combination with the present social economic policy, might even result in an increase in serious crimes, committed by a small group, which is difficult for policymakers to approach.

II - Victims of Crime as Target Group for Prevention Policy

In the *Society and Crime Plan* (1985) serious attention is given to the position of the victims of crime. They became a target group for secundary prevention programmes. An accepted typification of prevention measures consists of the following dimensions :

- primary, secundary an tertiary prevention ;
- offender, victim or situation-directed. These dimensions can be put in a matrix[4]. Primary prevention is aimed at the general public (for instance vandalism information), secondary prevention is aimed at high risk groups or specific neighbourhoods, while tertiary prevention is aimed at problem groups, like juvenile delinquents.

In the Netherlands the victim issue is traditionally connected with the victims of the Second World War. In the seventies a new category of victims emerged, the victims of serious crimes. A special Fund, to compensate damages to these victims,was established by the ministry of Justice. In the second half of the seventies the Women's Rights Movement asked attention for victims of wife battering and other forms of (sexual) violence. In the beginning, when victims were claiming better treatment from the police and the judiciary, there was a great reluctance among the authorities to acknowledge this claim. What would it mean for the police, overloaded with work already, if in the future they had to give specific attention to the victims ? Until then victims of crime were mainly perceived as

[4] Waard (de), Savornin Lohman, 1991.

trustworthy or untrustworthy witnesses, instead of human beings, whose sense of justice (belief in a just world) was shuttered[5]. Initiatives taken by volunteers (a.o. shelters for battered women), political pressure from victim advocates, international developments, like the drafting of the U.N. Declaration of Justice for Victims of Crime and Abuse of Power (1985), brought the victim issue on the political agenda. One of the first measures taken on the national level was the appointment of special 'police prevention officers' in order to instruct citizens in general, victims in particular, on how to prevent victimization in the future. The minister of Justice appointed two committees with the task to develop guidelines for the police and the public prosecutor. Since 1989 the police has been prescribed to treat victims with consideration and respect for their dignity, inform them of their rights and of the existence of the local victim support scheme. The public prosecutor has to notify the victim on all important decisions concerning the case. If the victim has a claim for compensation which he wishes to receive, the public prosecutor must use his best endeavours to meet this wish and try to arrange a financial settlement between victim and offender. Apart from this, a Bill was accepted in Parliament (1993) strengthening the position of the victim as *partie civile* in criminal law cases. Together with this Bill a number of experiments in victim compensation were set up. A network of victim support schemes (54 offices and a national coordination office), spread all over the country, was subsidied and stimulated by the ministry of Justice.

III - Research and Reflection

A meta-evaluation, comparable to the evaluation of the prevention projects discussed before, is not at our disposal. A number of experiments were evaluated by the WODC. From the viewpoint of secundary prevention they give no relevant information. In this respect the research of Winkel is of interest.

---

[5] Lerner, 1980.

Winkel tested the effect of information, given by the police, on citizens fear of crime. He specified the conditions for police information on crime prevention to citizens, without raising the fear of crime[6].

An interesting theoretical study, explaining the rise of the victim issue and its meaning for society, appeared in 1993. The author, the sociologist Boutellier, explains the recent attention for the victims' position within the theoretical framework of *post modernism*. Traditional institutions, such as the church and the family, no longer guide the moral standards in society. Thus the criminal justice system has to fulfil this task. The outcry for victim assistance, according to Boutellier, gives people an outlet to show collective solidarity with the suffering of victims in a society that on the whole became bureaucratic and highly impersonal[7]. In my opinion an intreaging explanation is the following. The effectiveness of the criminal justice system is permanently challenged, both by research and by public criticism. The tacit public acceptance of criminal justice system was threatened by the emergence of the victims movement. When citizens would solve 'criminal events' in informal justice settings, or when citizens start to organize their own 'neighbourhood watch', the state looses control. Thus there is a more substantial reason for authorities to claim the attention for the victims of crime : the legitimation of the criminal justice system is at stance ! A highly successful experiment concerning the possibility to make an agreement on the compensation of the damages in a civil setting, was nipped in the bud[8].

[6] Winkel, 1986.

[7] Bouteiller, 1993.

[8] An exemple is the initiative of a small groupe of lawyers, probation workers and volunteers in Amsterdam, who started an experiment called 'dading'. The Dutch civil code contains the possibility of preventing a criminal case if victim and offender make an agreement about any sort of compensation. An experiment was set up during the period of a year (1989). From all the criminal magistrate courts cases in Amsterdam 208 cases were randomly selected for this experiment. 78% of the offenders and 82% of the victims

Victims experience a disturbed sense of justice, due to the experience of being the target of a criminal act. The reason they go to the police is not so much the expectation that the police will find the offender. It is mainly the 'listening ear' of the police official, which restores the victims' feelings of 'the just society'[9]. The inability to deal with the crime problem is a serious threat, that can be healed by restoring the relationship with the public. Van Dijk states during the centennial celebration of the Dutch criminal Code in 1986, *Victims do not turn to the police for reparation of their material damages only. They are also acutely concerned with the integrity of the system of institutionalized trust. They expect from the police the replenishing and restoration of their communal perspective*[10]. The lack of support of the criminal justice system became also visible by the decreasing willingness of citizens to report criminal events to the police. Thus, it became a central goal of prevention programmes to stimulate victims to report those event to the police.

IV - Prevention Policy of *Serious Crime* 1989-1993

In the *Society and Crime Plan* (1985), mentioned before, the proposed policy measures to fight serious crime were of a traditional nature : more police, more prisons and heavier sentences. Some serious cases against drugdealers made clear that an effort was necessary to tackle organised crime. A specific policy plan was presented by the minister of Justice in 1992[11].

---

were willing to try to participate and make an agreement. Both parties had their own lawyer, who conduct the negociations. An agreement was made in 67% of the cases (which included all kind of crimes, violent crimes, property crimes). This mean that in one third of the cases included in the experiment, the parties made a settlement outside the scope of the criminal justice system (Slum, 1992).

[9] Van Dijk, 1986, 356.

[10] Van Dijk, 1986, 362.

[11] Tweede Kamer, 1992,1993, n° 22838.

The proposals concerning prevention of crime were very meager. After stating that the aim of preventive policy in this field is to change social structures which facilitate criminal behaviour, it continues *We have to admit that, in the first place, it is a task of the government to change the law. The criminalisation of goods and commodities people want to use, like drugs, pornographic material, and firearms, creates the possibility of large profits for criminal organisations*. After this observation one would expect proposals of decriminalisation, but this is not the case. Instead of that another advisory board is proposed to create a "think tank".

The government policy concerning organized crime consists of two elements. In the first place, since 1987, police teams are operating with 'super-regional authority' (Interregional Research Teams (IRT) ; they have the authority to work on an international level and to use proactive strategies. In the second place a number of changes in the procedural law are realised, broadening the discretionary power of the police. This concerns the tapping of telephones, the entering of private homes and the usage of *de auditu* witness statements. Behaviour preparing crimes became within the realm of criminal law, and the seizure of goods, achieved by criminal behaviour, became legal. Critics comment that the balance between the *crime control model* and the *due process model* tipped over in the direction of the latter[12]. Also, as will be described later, the increase of police discretionary power led to an escalation of the methods used by the organised crime.

In this same period government was faced with a major operation concerning the police : the total reorganisation of the police force. In 1993, after more than forty years of discussion, the new Police Bill was accepted by the parliament. According to this Bill the Netherlands are divided in 25 police districts. Every district is managed by a Regional Board. The Board consists of the mayors of the region and the public prosecutor. One mayor is appointed as 'police corps manager'. The Bill

---

[12] Packer, 1996.

prescribes regular meetings between the police corps manager, the public prosecutor and the chief of the police in the region. For the super-regional tasks the Interregional Research Teams and, since september 1994 also a National Research Team, are operating.

One of the weak points of the new police structure is its lack of democratic control. This 'democratic deficit' is also seen as a point of concern for the growing internationalisation of police activities (Europol, Schengen). It became fatal on April 1994, when it led to the resignment of both the minister of Justice and the minister of Interior Affairs. During election time, spring 1994, the minister of Justice and the minister of Interior Affairs got involved in a scandal concerning the Amsterdam/Utrecht interregional Research Team (IRT). This team used unorthodocs methods, like undercover agents dealing in drugs, in order to catch 'big fish'. This was the reason for the Mayor of Amsterdam and the Chief Police to dissolve the IRT. It seems that the undercover agent did import large quantities of hash, and even cocaine, that could not been traced. Possibly the so-called undercover agent was a member of a criminal syndicat. An investigating Committee concluded however that the methods used by the IRT were within the limits of the law, thus it was not appropriate to dissolve the team. Though there still is uncertainty about the exact nature of the facts, both the minister of Justice and the minister of Interior Affairs had to resign, a few weeks before the new government was installed. Though the last word is not yet said about, what became known as the IRT-case, it underlines the lack of democratic control on police proactive investigations. With a variation on Karl Mannheim' question : *Who plans the planner, in our days the crucial question seems to be : Who controls the controler ?*[13]

---

[13] Mannheim, 1935.

V - Crime Prevention and Social Policy in the Coming Years

The 'government programme' of the new government (august 1994) gives high priority to the crime issue. Again the budget of education, welfare and social security is confronted with serious cuts, while there is extra money available for the extension of the police and the penitentiary. So far the new government continues the line set-out by the previous minister of Justice Hirsch Ballin (Christian Democrat Party). However, this is just one part of the story. There are also fundamental differences that might indicate some interesting policy changes. For the first time in half a century, the Christian Democratic Party (CDA) is not participating in the government. This gives a sense of uniqueness to the new 'purple' combination of conservatives (VVD), socialists (PvdA) and liberals (D66). The government programme, subscribed by the three parties, is mainly of a financial nature. However, in the field of crime prevention the new combination gives the possibility for a different approach, especially on two points : a further *decriminalisation of drug (use)* and *a larger discretion for local government*, especially the big cities, to develop social policies. Both strategies effect important causes of crime.

VI - Drugpolicy

Traditionally in the Netherlands the problem of drug abuse is defined from two perspectives : harddrugs are seens as a health problem, and soft drugs as a public order problem. For instance coffeeshops, known as places were hash is traded, are tolerated by the local authorities, as long as they meet certain standards. The policies developed from these two perspectives had to take in to account the limits set by international treaties, especially the Opium Treaty. The last years the international pressure on the Netherlands to strengthen the punitive approach, grew considerable. New obligations, like the Schengen Treaty, underlined the necessity for the Netherlands to get in line with the policy developed by the other European countries, like

France and Germany. The regular meetings, on the european level, between experts of the ministry of Justice, and the police, strengthened the urge for punitive measures. In contradiction with this development, the support of the decriminalisation of drugs did increase also. Experts and policy makers from other countries, in the field of mental health and city government, showed great interest in the Dutch drug policy, which seems to be successful in limiting the use of drugs and controling the quality of drugs. Also it seems to keep the aids problem on a low level. Within the Netherlands there is a permanent urge, from the side of the experts, to descriminalize drugs[14]. Recently this debate got a new impulse because this time the advocates were found among the authorities from the criminal justice system. Chiefs of the police and public prosecutors defended in newspaper articles a further decriminalisation. The new minister of Justice (who occupied a top function in the public prosecutors office) is known as a supporter of the lenient line. Decriminalising drugs still is an enormous step to take, not because of the international consequences. Apart from that, one of the strongest opposing forces consists of the drug dealers themselves, who fear the loss of an exceptional lucrative rade. They already fight back with a series of burglaries in the public prosecutors private homes.

VII - *Social Innovation* : Autonomy to Cities

The other possible breakthrough in the field of crime prevention, is of a different nature. It concerns an increased effort of social policy, as a strategy for crime prevention. As we saw this approach was also adopted by the Roethof Comittee and the *Society and Crime Plan*, but it did not succeed to broaden the concept of crime prevention. In the past years the heavy cuts in expenditure in the welfare field, combined with a high level of unemployment, seriously affected the life conditions of social vulnerable citizens (like cultural minorities

---

[14] One of the first advocates was the Criminal Law Professor Rüter, 1996.

and one parent families). Within a wealthy country like the Netherlands, there is the insidious process going on, of the creation of an 'underclass'[15]. If conditions become worse, this might result in an increase in violence. Cities are in the first place confronted with kind of problems[16]. Neighbourhoods with a large proportion of people on welfare schemes, and a large proportion of ethnic minorities, with poor housing conditions, are desperately is need of a coherent policy effort.

In 1985, the minister of Interior Affairs developed a social policy effort, meant to stimulate citizens on the grassroot level. This policy is known as *Social Innovation*. Like the *Society and Crime Plan*, from the minister of Justice it was accompanied with a fund (50 million dollars). Local authorities could apply subsidies for their projects. The main goal of the *Social Innovation Plan* was to strengthen the integrating forces on the local level. This was done by supporting community activities, and offering individual attention given to long-term unemployed. According to an evaluation study of 1991-1993, the policy was of limited success. One of the oustanding positive effect was the intensive cooperation between social services, in the solving of social problems like unemployment. On the other

---

[15] Social and Cultural Report, Vuga, The Hague, 1994.

[16] A study published by the Center of Integrated Penal Sciences of the Erasmus Universiteit (Rotterdam) states under the heading Political Climate : *Maybe not so strongly as in the Anglo-American countries, but also in the Netherlands we clearly witness a simple Reaganomics which tell us that the poor don't work because they receive too much money, and the rich don't because they receive too little money. The dominant ideology of tolerance, solidarity, income-levelling and commitment to social problems of the 1970s, has been replaced in the 1980s by one of intolerance, individualisation, increasing income-differences and political apathy. Right and left refer to the so-called Permissive Society* with *deep contempt : caring in portrayed as pampering. Soft remedies are 'out', punishment in 'in'. Social Democrats presently break down nearly every socialist sacred cow ; they are said to have moved from 'nieuw links' (new left) to 'nieuw flink' (new square)*, Van Swaaningen *et al*., 1992.

hand it made clear they had to operate within limited conditions. For instance they were not able to extend the available jobs[17]. This meant that successful experiments, like the appointment of extra controlers on public transport, recruted from people on welfare schemes, could not been continued. The more ambitious goal of Social Innovation, namely to rearrange national subsidy streams (education, welfare, health) on a local level, was not achieved. In order to achieve this goal strong obstructive forces need to be overcome. Every ministry has its own frame of reference and its own priorities. This blocks the possibility to find flexible solutions on a local level for social problems like deterioration of neighbourhoods or large numbers of people without work. When the projects stay within the limits of the mutual power balance between the ministries, their effect is of a limited nature. When they challenge this power balance, they are domed to fail.

According to the government statement (1994) the aim of the new government is to strengthen the policy started with the *Social Innovation Plan.* A member of government (secretary of state for the ministry of Interior Affairs) is especially assigned with this task. This person also has the policy of Public Safety in this taskforce. This could result in a better coordination of crime prevention policy and social policy. This might be a difficult jow because it touches the power balance between the two ministries. Still it is essential, to tackle social problems effectively. The Council of Interior Affairs concluded in her report on 'Public Safety' : *The issue of public order and safety is reduced to the criminality issue and thereby to a category wich is very recognisable and appealing to government and politicians. With all this, the call for more social supervision and more effective social control should be typified as a centralised government approach*[18]. By putting both policy-efforts in one hand, it might be possible to overcome the resistance to change.

---

[17] Van der Wouden, 1994.

[18] Rosenthal, Pop, 1988.

Further implementation of the Social Innovation policy means that the national government has to give up authority in favour of the local authorities. The introduction of 'deregulated zones' in the big cities, and a more lenient policy toward job creation, are examples of this power switch. Though it is promising that the new government wants to invest in this policy effort, the experience proofs that strong measures are necessary in order to overcome the resistance of vested interests groups. Much will depend on the ability of the policy makers to make use of counterfailing powers, thus broadening the social support for unconventional preventive strategies.

LA NOUVELLE POLITIQUE FEDERALE BELGE DE PREVENTION DE LA CRIMINALITE

Patrick Hebberecht

Ce texte décrit et analyse la nouvelle politique belge de prévention de la criminalité, menée au niveau fédéral, provincial et local depuis les années 1980. Il trace l'évolution d'une politique de prévention d'orientation situationnelle et techno-préventive, largement dominée par les forces de police vers une politique administrative et intégrée au niveau local au début des années 1990. Il démontre comment, ces dernières années, la politique de prévention est de plus en plus dominée par des préoccupations sécuritaires. L'auteur émet quelques réflexions critiques sur la politique fédérale belge de prévention de la criminalité.

This text describes and analyses the new Belgian policy for crime prevention, in effect at the federal, provincial and local levels since the 1980s. It traces the evolution from a situationally and technically oriented prevention policy mainly dominated by the police to a local, administrative, integrated policy in the early 1990s, and shows how, in recent years, concern with security has increasingly prevailed in prevention policy. The author makes some critical remarks on Belgian federal crime prevention policy.

Jusque dans les années 1970, la prévention de la criminalité en Belgique consistait principalement en une prévention du passage à l'acte délinquant, organisée dans le cadre de la protection sociale de la jeunesse. Cette forme de politique de prévention est entrée en crise dans les années 1980. La perspective théorique de la réaction sociale et d'autres criminologies critiques plus radicales ont fortement critiqué l'interventionnisme de cette politique de prévention. D'autre part, le nouveau réalisme dans la théorie du droit pénal et de la peine doutait de l'effet dissuasif de cette politique. La crise de cette politique de prévention s'est encore aggravée par des conflits communautaires entre flamands et francophones qui ont mené à des révisions constitutionnelles communautarisant entre autres la compétence nationale de la protection de la jeunesse.

Au début des années 1980 la gendarmerie et la police communale ont développé des formes nouvelles de prévention. La police devenait l'acteur principal dans le domaine de la prévention de la criminalité. Notre contribution débutera par une description de ces nouvelles formes de prévention policière. Nous tenterons d'expliquer pourquoi elles ont été développées à ce moment-là par les services de police.

Inspirée par ces nouvelles formes de prévention policière, une politique nationale de prévention de la criminalité a été élaborée depuis 1985 par les ministres de l'Intérieur successifs. Les développements dans la structure et la politique fédérales de prévention sont décrits. Afin de mieux les comprendre, ils sont mis dans le contexte des périodes gouvernementales durant lesquelles ils ont eu lieu.

Dans cette contribution, nous nous limitons aux politiques de prévention menées au niveau fédéral, provincial et local de la Belgique. Les politiques élaborées au niveau des communautés flamande, française et germanophone et des régions flamande, bruxelloise et wallone ne sont pas traitées ici. Après avoir décrit les développements dans la structure et la politique fédérales de prévention de la criminalité, nous formulons quelques réflexions critiques sur ces développements.

I - La nouvelle prévention policière

Au début des années 1980, l'impulsion à une nouvelle politique de prévention a été donnée par la gendarmerie belge (Hebberecht, 1990). Face à l'insécurité, à l'augmentation de la criminalité enregistrée et à la diminution du taux d'élucidation, quelques officiers et officiers supérieurs de la gendarmerie ont élaboré, avec l'approbation de l'état-major, une nouvelle politique de prévention policière plus proactive dans le cadre de l'exercice de la fonction administrative (Berkmoes, 1990). Cette nouvelle prévention policière a été développée par la gendarmerie sous le gouvernement démocrate-chrétien-libéral de Martens-Gol (1981-1985) qui a mené une politique de redressement socio-économique néo-libérale.

Dans le cadre de cette nouvelle politique de prévention policière, la gendarmerie s'est orientée vers les victimes (potentielles) de délits contre les biens en les responsabilisant pour leur propre sécurité par des campagnes de sensibilisation dans lesquelles des conseils de prévention technique étaient donnés. A Bruxelles, un bureau de prévention de la criminalité était installé avec un bureau-conseil ouvert au public.

La nouvelle orientation de la prévention policière se manifestait également dans le développement de projets de prévention de comportements déviants et délinquants commis occasionnellement par des jeunes, principalement originaires des classes moyennes. Dans plusieurs districts de gendarmerie des projets de prévention de vandalisme, de vol de bicyclette, d'usage d'alcool et de drogues illicites... étaient menés dès 1982.

Les officiers, responsables de tels projets, tentaient d'y associer la direction et les enseignants d'écoles, des responsables de clubs de jeunes, des associations de parents...

En contraste avec cette approche 'douce' de prévention de la délinquance juvénile, la gendarmerie durcissait la prévention répressive dans les quartiers populaires des villes belges, où vivaient des communautés d'origine nord-africaine et turque, en augmentant les patrouilles de gendarmerie et les contrôles d'identité arbitraires.

Plusieurs évolutions et facteurs ont contribué à cette nouvelle orientation préventive de la gendarmerie.

La gendarmerie était le seul corps policier belge qui jusqu'au début des années 1980 détenait au niveau national des données concernant l'évolution de la criminalité enregistrée.

Le Bureau central des recherches au sein de l'état-major de la gendarmerie était en état de constater dans le courant des années 1970 la montée des délits enregistrés contre les biens et la diminution du taux d'élucidation de ces délits. Les officiers supérieurs de l'état-major, responsables pour la politique de recherche, étaient de plus en plus convaincus que seule une stratégie plus préventive pouvait endiguer cette montée de la criminalité.

Pour une nouvelle génération d'officiers supérieurs de la gendarmerie, l'insécurité était de moins en moins associée à une destabilisation politique par les syndicats de gauche et par la gauche radicale et de plus en plus avec la criminalité. Pour ces officiers, le maintien de l'ordre (établi) devenait moins prioritaire comme tâche policière. Par contre la recherche d'auteurs de délits était perçue comme une tâche de plus en plus importante. Le développement florissant du secteur économique de la sécurité privée en réponse aux sentiments d'insécurité qui envahissaient une partie de plus en plus grande de la population, obligeait la gendarmerie à prendre des initiatives qui pouvaient diminuer la chance d'être victimisé et restreindre autant que possible les dommages encourus par les délits commis.

La nouvelle politique de prévention policière était également conçue par des officiers de gendarmerie comme une stratégie de légitimation. Pendant les années 1960 et 1970, la gendarmerie avait perdu sa légitimité auprès d'une grande partie des classes moyennes par sa politique très stricte de verbalisation d'infractions au code de la route et par sa sévère répression de tout mouvement de contestation. Les officiers et officiers supérieurs qui étaient convaincus par une nouvelle approche préventive espéraient par cette nouvelle politique, reconquérir la légitimité perdue.

L'accès d'une nouvelle génération d'officiers supérieurs néerlandophones à des postes responsables a certainement joué un rôle important dans l'élaboration d'une nouvelle politique de prévention policière. Par leur connaissance du néerlandais et de l'anglais, ces officiers étaient au courant des nouvelles pratiques de prévention policière développées aux Pays-Bas et en Grande-

Bretagne. Ils participaient à des stages et séminaires et ont introduit ces nouvelles pratiques de prévention technique et situationnelle en Belgique. Cette nouvelle génération d'officiers de gendarmerie était plus séduite par le modèle anglo-saxon de la police que par le modèle latin qui dominait l'organisation et le fonctionnement de la gendarmerie belge.

Au début des années 1980 une vraie *guerre des polices* sévissait en Belgique (Van Outrive, Cartuyvels, Ponsaers, 1991). Dans le cadre des conflits sociaux et communautaires des années 1960 et 1970, les grands partis politiqucs traditionnels (surtout les partis démocrates-chrétiens et libéraux) avaient renforcé les pouvoirs et les effectifs de la gendarmerie au détriment de la police communale. Vers le milieu des années 1980, la gendarmerie prenait même la forme d'un *Etat dans l'Etat*.

Au début des années 1980 les polices communales étaient en pleine mutation. Le niveau de formation devenait plus élevé, la pratique policière plus professionnelle. Plusieurs corps de police communale étaient réorganisés. Pour ces nouveaux développements, la gendarmerie servait de modèle malgré la concurrence avec ce corps de police nationale. Ceci était également le cas pour l'élaboration d'une nouvelle politique de prévention policière.

Dans plusieurs villes et communes (principalement flamandes) de jeunes officiers de police communale développaient des pratiques nouvelles de prévention policière analogues, dans les grandes lignes, à celles de la gendarmerie. Dans plusieurs corps de police communale une nouvelle fonction d'officier de prévention était créée. Des officiers, ayant souvent reçu aux Pays-Bas une formation en matière de prévention policière de la criminalité, étaient nommés à ces postes.

Comme la gendarmerie, quelques corps de police communale s'étaient orientés vers les victimes (potentielles) de délits contre les biens. Des bureaux de prévention ont été ouverts au public dans ce but. Par des campagnes de sensibilisation, par l'installation avec la collaboration de firmes de sécurité privée d'un stand dans des foires et grandes expositions, par l'organisation de conférences à la demande de toutes sortes d'associations et par des avis individuels donnés aux personnes et commerçants voulant se protéger contre le vol et le cambriolage, quelques officiers de police communale ont divulgé toutes sortes d'informations et de mesures de prévention.

Dans le cadre de cette nouvelle stratégie de prévention policière, quelques officiers de police communale ont même élargi leur champ d'action préventive en organisant avec la collaboration des habitants de quartiers, encore assez bien intégrés, des actions d'observation de quartier (Carlier, 1990). A l'exemple des *Neighbourhood Watches* en Grande-Bretagne, la police communale a tenté d'accroître le contrôle social informel en convainquant les habitants des quartiers d'être attentifs aux situations et personnes suspectes et de les signaler à des responsables de rue ou à la police en cas d'urgence.

Par les informations recueillies auprès des habitants de quartiers, la police se trouvait en mesure d'organiser plus efficacement des patrouilles de police et de rechercher avec plus de succès les auteurs de délits contre les biens.

Par ces projets de prévention policière, la police pouvait informer un plus grand nombre de personnes sur toutes sortes de mesures de protection contre le vol et le cambriolage.

Cette nouvelle stratégie de prévention policière visait également une amélioration de la relation avec le public (principalement originaire de classes moyennes).

Contrairement à la gendarmerie, la police communale n'a pas développé au début des années 1980 des projets de prévention orientés vers des acteurs (potentiels) de délinquance.

En général les nouvelles politiques de prévention de la gendarmerie et de la police communale se sont developpées sans coordination et dans un climat de concurrence mutuelle.

Cependant, quelques officiers de gendarmerie et de police communale, engagés dans cette nouvelle politique de prévention, ont tenté de convaincre les autorités provinciales et nationales de l'intérêt de cette nouvelle orientation dans la prévention de la criminalité et les ont incitées à prendre des initiatives (législatives) créant une structure nationale de prévention. Sous cette pression, le gouverneur de la province de Flandre Occidentale a installé en 1984 un conseil provincial de prévention de la criminalité où siégaient des officiers de gendarmerie et de police communale et des membres du Parquet.

La journée d'étude sur la prévention de la criminalité du 15 avril 1985, organisée par l'Institut Supérieur de Police, créé en 1984, a joué un rôle décisif pour persuader le ministre de l'Intérieur de créer une structure nationale de prévention de la criminalité et à développer une politique nationale dans cette matière (Hoger Politie Instituut, 1985a, 1985b).

Cette journée d'étude a été dominée par les interventions de deux têtes pensantes de la nouvelle prévention policière (un officier supérieur de gendarmerie et un officier de police communale). Dans leurs interventions, ils ont élaboré leurs points de vue sur la prévention de la criminalité d'une manière très convaincante.

II - Structure et politique nationales de prévention de la criminalité

Dans la première moitié des années 1980, la Belgique a été secouée par plusieurs événements dramatiques : le banditisme et les crimes des tueurs du Brabant Wallon, les actes terroristes des Cellules Communistes Combattantes et le drame du Heysel. Face à ces événements et à l'impuissance des services de police, le ministre de la Justice, Jean Gol (libéral francophone), a élaboré un plan pluriannuel *La sécurité des citoyens*, qui visait à un renforcement et une meilleure coordination des services de police dans leurs combats contre le grand banditisme et le terrorisme.

Le ministre de l'Intérieur Nothomb (démocrate-chrétien francophone), fortement mis en cause par le drame du Heysel, a, par son Arrêté royal du 6 août 1985, créé une structure nationale de prévention de la (petite et moyenne) criminalité et développé une politique nationale en la matière (Hebberecht, 1988).

Cet Arrêté royal prévoyait l'installation d'une commission provinciale de prévention de la criminalité dans les neuf provinces belges et d'un Conseil supérieur de prévention de la criminalité au niveau national.

Les grandes lignes de la politique de prévention du ministre de l'Intérieur montraient clairement qu'il avait fait sienne la nouvelle politique policière de prévention technique et situationnelle. La nouvelle structure de prévention de la criminalité permettait une meilleure coordination des efforts de prévention de la criminalité entrepris les dernières années par la gendarmerie et la police communale.

La politique de redressement socio-économique néo-libérale était poursuivie sous le gouvernement suivant démocrate-chrétien-libéral de Martens-Gol (1985-1988). F. Nothomb y était resté ministre de l'Intérieur. Dans chaque province belge, une commission provinciale de prévention de la criminalité était installée. Ces commissions provinciales étaient principalement composées de représentants de la gendarmerie, de la police communale et du parquet.

Selon l'Arrêté royal du 6 août 1985 les commissions provinciales avaient pour mission[1] :

- d'étudier et d'évaluer la criminalité dans la province et d'analyser les besoins en matière de prévention ;
- de préparer et d'encourager les programmes provinciaux de prévention, dans le cadre de la politique nationale ;
- d'établir et d'entretenir les contacts avec les parties intéressées par la prévention ;
- d'assister les services de police dans leurs projets de prévention, de les examiner et, en cas de besoin, de les coordonner ;
- d'évaluer les projets et de les communiquer au Conseil supérieur.

Les commissions provinciales ont développé le type d'action préventive menée au début des années 1980 par la

---

[1] Arrêté royal du 6 août 1985 portant création d'un Conseil supérieur et de Commissions provinciales de prévention de la criminalité, *Moniteur Belge* du 12.9.1985.

gendarmerie et la police communale, mais cette fois-ci à l'échelle provinciale. La vision technique et situationnelle de la police sur la prévention de la criminalité a dominé l'élaboration des projets et programmes provinciaux de prévention.

Aussi bien au niveau provincial qu'au niveau communal, la gendarmerie et la police communale ont continué à jouer le rôle moteur dans les politiques de prévention maintenant menées par les autorités provinciales et communales.

Les commissions provinciales flamandes se montraient plus dynamiques que celles de la partie francophone du pays. Ceci était le reflet du plus grand avancement des corps de police flamands dans le discours et la pratique de la prévention de la criminalité.

L'Arrêté royal du 6 août 1985 prévoyait également l'installation d'un Conseil supérieur de prévention de la criminalité. Ce Conseil supérieur devait être chargé des tâches suivantes :

- l'étude et l'évaluation de la criminalité et l'analyse des besoins en matière de prévention ;
- la constitution et la mise à jour de la documentation relative à la prévention ainsi que l'établissement et le maintien des contacts nationaux et internationaux nécessaires ;
- la définition et la planification multidisciplinaire d'une politique nationale en matière de prévention de la criminalité ;
- l'élaboration ou l'encouragement de programmes nationaux de prévention, l'estimation des moyens financiers indispensables et l'évaluation de ces programmes ;
- l'examen des propositions des commissions provinciales et la formulation à l'intention du ministre de l'Intérieur des propositions en matière de prévention de la criminalité ;
- l'examen, la stimulation et la coordination de projets de prévention locaux et provinciaux.

Ce n'est que le 3 février 1988 qu'a eu lieu l'installation du Conseil supérieur de prévention de la criminalité par Louis Michel, ministre de l'Intérieur d'un gouvernement démissionnaire à cette époque. Comme son prédécesseur Ferdinand Nothomb,

Louis Michel était un démocrate-chrétien francophone. Ce Conseil supérieur était composé d'officiers supérieurs de la gendarmerie, de commissaires de police communale, de magistrats du parquet, de deux professeurs de criminologie et d'un représentant de l'association professionnelle des compagnies d'assurance. Il était présidé par Olivier Vanneste, Gouverneur de la province Flandre Occidentale, qui, avant l'Arrêté royal de 1985, avait déjà installé un conseil provincial de prévention de la criminalité. Ce Conseil supérieur n'a pas vraiment fonctionné. La plupart des missions qui lui ont été confiées, n'ont jamais été réalisées. Il s'est principalement occupé de la rédaction et de la distribution de quelques brochures visant à prévenir certains types de délits (usage de drogues, vol dans les voitures...).

III - Vers une politique locale, intégrée et administrative de prévention de la criminalité

Suite aux élections parlementaires du 13 décembre 1987, un nouveau gouvernement de centre gauche (Martens-Spitaels) était formé le 9 mai 1988 entre les démocrates-chrétiens et les socialistes. Sous une haute conjoncture économique momentanée (1988-1990), le gouvernement continuait à développer une politique socio-économique d'orientation néo-libérale, tout en corrigeant la politique de crise qui avait été menée pendant la période de 1981 à 1987. La politique dure d'assainissement des finances publiques était un peu assouplie. Le gouvernement mettait tout en œuvre pour préserver la sécurité sociale. La lutte contre la pauvreté et l'élaboration d'une politique de l'immigration devenaient des priorités gouvernementales.

Louis Tobback, socialiste flamand, devenait ministre de l'Intérieur dans le nouveau gouvernement. Dans l'opposition le parti socialiste flamand avait élaboré tout un programme de réforme des services de police et avait opté pour une orientation plus locale et sociale de la prévention de la criminalité.

Ce n'est qu'à la fin de l'année 1990 que les nouvelles orientations du nouveau gouvernement en matière de prévention de la criminalité prenaient forme. Le gouvernement avait attendu le rapport et les recommandations de la commission d'enquête parlementaire instaurée le 22 mai 1988 afin de révéler les causes des défaillances des corps de police et de la justice dans la lutte contre le terrorisme et le grand banditisme des années 1980 (Mottard, Haquin, 1990). Ce rapport et les recommandations de cette commission, présentés le 30 avril 1990, ont permis au gouvernement d'élaborer un plan de réforme de la police et de la justice (5 juin 1990). Ce plan prévoyait également le développement d'une politique plus locale de la prévention de la criminalité.

A la fin de l'année 1990, le ministre de L'Intérieur, Louis Tobback, développait dans deux circulaires ministérielles, envoyées aux bourgmestres du Royaume, les grandes axes de la nouvelle politique gouvernementale de prévention de la criminalité et invitait les autorités publiques locales à introduire des propositions de projets de prévention de la criminalité qui correspondaient à la nouvelle philosophie préventive du gouvernement.

Les nouvelles orientations de la politique de prévention de la criminalité étaient les suivantes (Poulet, 1995 ; Synergie, 1995) :

- La prévention de la criminalité devait être menée au niveau local (commune, ville, quartier).

- L'autorité publique locale devait jouer le rôle moteur dans le développement d'une politique locale de prévention. La police communale devait jouer un rôle important mais secondaire.

- Une politique de prévention devrait avoir un caractère intégré. Une approche de prévention technique et situationnelle devait être intégrée à une approche de prévention sociale. Une intégration devait être établie entre une orientation vers des victimes (potentielles) et une orientation vers des auteurs (potentiels) de délits. Tous les efforts et actions d'instances et de personnes concernées par la prévention de la criminalité devaient être intégrés par l'autorité publique locale.

- Une politique de prévention de la criminalité devait s'orienter en priorité vers des personnes socialement faibles et dans leur qualité d'auteur (potentiel) et dans leur qualité de victime (potentielle).

Dans ses circulaires, le ministre de l'Intérieur prévoyait le financement de vingt-sept projets pilotes de prévention administrative, locale et intégrée pour 1991 par la mise à la disposition des villes et communes de soixante agents contractuels parmi lesquels il y aurait des diplômés universitaires en criminologie, sociologie, psychologie..., des assistants sociaux et des employés. Les villes et communes, demandeurs de projets pilotes, devaient pourvoir à un encadrement administratif et à des frais de fonctionnement.

Le ministre de l'Intérieur avait sélectionné vingt-sept projets pilotes parmi les nombreuses propositions. Parmi les projets retenus, beaucoup ne correspondaient pas à la nouvelle philosophie préventive du ministre. La plupart étaient peu élaborés. Certains étaient rédigés par des officiers de police communale. La courte période dont disposaient les communes pour introduire leur proposition de projet, a certainement joué un rôle néfaste.

Le 1er février 1991, soixante universitaires, assistants sociaux et employés, sélectionnés par le service Prévention de la police générale du Royaume au ministère de l'Intérieur, étaient mis au travail avec un statut d'agent contractuel subsidié dans les vingt-sept projets pilotes. Durant les premiers mois de travail, ces assistants de prévention ont reçu une formation très diversifiée dans la prévention de la criminalité.

Les projets pilotes de prévention étaient suivis au niveau administratif par le service Prévention du ministère de l'Intérieur. Quatre équipes de recherches universitaires ont accompagné et évalué différents types de projets pilotes de prévention. Fin 1991 la plupart des vingt-sept projets pilotes ont été prolongés pour l'année 1992.

Depuis l'arrivée du nouveau ministre de l'Intérieur en 1988, le Conseil supérieur de la prévention de la criminalité n'avait développé que peu d'initiatives. Ceci s'expliquait en partie par la connaissance de ses membres de l'intention du nouveau ministre de modifier l'Arrêté royal du 6 août 1985.

Le 31 janvier 1991, le ministre de l'Intérieur avait accordé par Arrêté royal la composition et les tâches du Conseil supérieur à sa nouvelle philosophie préventive[2]. La représentation des corps de police dans le nouveau Conseil supérieur devenait plus restreint. La composition du Conseil était maintenant élargie à des membres d'autres instances fédérales et communautaires dont les compétences pouvaient avoir une influence sur la prévention de la criminalité. Ainsi le ministre souhaitait intégrer au niveau fédéral différentes politiques ayant des effets sur la prévention de la criminalité. Le Conseil supérieur devenait à présent un organe consultatif du ministre de l'Intérieur qu'il présiderait lui-même. Les compétences du Conseil étaient maintenant définies de telle façon qu'il pourrait donner au ministre des avis sur les sujets les plus divers. Le nouvel Arrêté royal soulignait également le rôle moteur des villes et communes et l'importance des initiatives locales en matière de prévention de la criminalité.

Depuis son installation en 1991, le nouveau Conseil supérieur ne s'est réuni que quelques fois sous la présidence du ministre de l'Intérieur. Une seule fois, le Conseil supérieur a joué son rôle de conseiller du ministre, à l'occasion d'un avant-projet de règlement modèle pour l'installation des conseils communaux de prévention qui lui était soumis. Par manque d'intérêt de la part du ministre, un haut fonctionnaire de la police générale du Royaume (un département du ministère de l'Intérieur) s'est occupé de la présidence du Conseil et a encore organisé quelques réunions autour de la préparation de quelques activités dans le cadre d'une semaine nationale de prévention de la drogue. Depuis l'été 1992, le Conseil supérieur n'a plus été réuni.

Après une année d'activité des projets-pilotes de prévention, le ministre de l'Intérieur constatait que seuls quelques bourgmestres avaient installé un conseil communal de prévention

---

[2] Arrêté royal du 31 janvier 1991 portant modification de l'Arrêté royal du 6 août 1985 portant création d'un Conseil supérieur et de Commissions provinciales de prévention de la criminalité, *Moniteur Belge* du 21.3.1991.

de la criminalité afin d'impliquer tous les acteurs concernés par la prévention dans l'élaboration d'une politique locale et intégrée de prévention de la criminalité.

Le 30 janvier 1992, le ministre de l'Intérieur a envoyé aux bourgmestres du Royaume une circulaire avec un règlement-type pour l'installation d'un conseil communal de prévention afin de les stimuler à prendre une telle initiative et de les inspirer[3].

Le ministre suggérait aux bourgmestres de laisser siéger dans cet organe consultatif les échevins ayant des compétences pour la prévention de la criminalité, un élu pour chaque parti représenté au conseil communal, des représentants de la police communale et de la gendarmerie, des responsables des services communaux impliqués dans la politique locale de prévention et des représentants d'associations sociales intéressés par le prévention.

Ce conseil communal aurait comme tâche d'émettre des avis et de formuler des propositions sur la façon d'analyser la criminalité au niveau local, les formes de criminalité qui doivent être prévenues en priorité, les acteurs qui doivent être impliqués dans des actions de prévention, les subventions des activités préventives, l'évaluation des projets de prévention, l'information et la sensibilisation de la population...

Le conseil communal peut charger un ou plusieurs groupes de travail à élaborer des propositions concrètes ou à suivre la réalisation de projets concrets.

IV - D'une politique de prévention de la criminalité à une politique de sécurité

Les résultats des élections parlementaires du 24 novembre 1991 ont bousculé les partis politiques traditionnels. La coalition sortante de démocrates-chrétiens et de socialistes perdait presque 10% des votes. Environ un quart des électeurs avait voté pour des

---

[3] OOP18 - Règlement modèle pour l'installation d'un conseil communal consultatif de prévention, ministère de l'Intérieur, 30.1.1992.

partis non-traditionnels. En Flandre le *Vlaams Blok*, un parti d'extrême-droite, qui avait fait une campagne électorale contre les immigrés et contre la criminalité et l'insécurité, avait connu une percée électorale.

La crise politique nécessitait une longue période de formation de gouvernement.

Le formateur Michel Wathelet, démocrate-chrétien francophone, proposait, le 6 janvier 1992, une note *Le pari d'une nouvelle citoyenneté*, qui formera la base de l'accord gouvernemental entre les démocrates-chrétiens et les socialistes. Afin d'augmenter la sécurité du citoyen, cette note proposait de conclure avec des villes et communes des contrats de sécurité, qui contiendraient des projets ayant pour but d'améliorer la qualité du travail policier et de rendre la police communale plus proche du citoyen et des projets de prévention. Dans le cadre de ces contrats de sécurité, les villes et communes seraient obligées d'installer un conseil communal de prévention et d'engager un fonctionnaire de prévention. Ces propositions étaient reprises dans l'accord gouvernemental conclu entre les démocrates-chrétiens et les socialistes.

Le nouveau gouvernement Dehaene entrait en fonction le 7 mars 1992. Louis Tobback, socialiste flamand, conservait sa fonction de ministre de l'Intérieur.

Une note d'orientation de la politique de prévention de la criminalité, rédigée par le ministre de l'Intérieur, est approuvée par le gouvernement le 19 juin 1992. L'approche administrative, locale et intégrée de la prévention, déjà mise en avant dans la circulaire du ministre fin 1990, était maintenue dans cette note. La mention qu'une politique de prévention devait en priorité être orientée vers des personnes socialement faibles, avait disparu dans cette nouvelle note. Contrairement à la circulaire de 1990, des mesures de prévention technique et situationnelle étaient de nouveau privilégiées au détriment des projets de prévention sociale. La meilleure façon de prévenir la criminalité consistait dans la réduction des occasions de commettre des délits par toutes sortes de mesures de protection et par l'augmentation de la surveillance et du contrôle par les services de police, des sociétés privées de gardiennage, des concierges, le personnel des magasins, le personnel des transports en commun... Le citoyen était rendu responsable de sa propre sécurité. Comme dans les années 1980, la prévention de la criminalité devenait de nouveau en premier lieu une prévention de victimation.

L'importance de projets de prévention sociale était aussi soulignée dans cette note d'orientation. Des travailleurs de rue devraient s'occuper de jeunes à problèmes et leur offrir des loisirs. Ainsi ils causeraient moins d'ennui et commettraient moins de délits. Cette note d'orientation prévoyait également la création d'un secrétariat permanent à la politique de prévention.

Conformément à l'accord gouvernemental, le ministre de l'Intérieur a négocié, dès l'été 1992, des contrats de sécurité avec les cinq grandes villes belges et avec sept communes à risques de la région bruxelloise pour la période de fin 1992 et de 1993. Pour cette même période, des contrats de prévention ont été négociés avec vingt-trois villes et communes.

Chaque contrat de sécurité contenait un volet policier et un volet prévention. Pour environ deux tiers le financement d'un contrat de sécurité allait à des projets qui amélioreraient la qualité de travail de la police communale et qui serait la plus proche de la population. Il s'agissait souvent de projets augmentant la présence de la police communale dans la rue, organisant une police de proximité, améliorant l'accueil des citoyens dans les commissariats... (Van den Broeck, 1994). Les autres projets du contrat de sécurité concernaient la prévention de la criminalité et correspondaient à la note d'orientation du ministre de l'Intérieur. Les projets du contrat de sécurité étaient en premier lieu proposés par le bourgmestre et son chef de corps de police communale. Dans quelques cas, un échevin (souvent des affaires sociales) était également impliqué dans la proposition de projets de prévention.

Un contrat de prévention contenait seulement des projets de prévention. Aussi bien dans le cas d'un contrat de sécurité que dans le cas d'un contrat de prévention les villes et communes concernées étaient obligées d'installer un conseil communal de prévention et d'engager un fonctionnaire de prévention.

Par Arrêté royal du 12 mars 1993, le secrétariat permanent à la politique de prévention était créé. Après un an de fonctionnement, son organisation a été déterminée par l'Arrêté royal du 16 mai 1994. La nomination d'un secrétaire permanent, Kris Van Limbergen, et de deux secrétaires-adjoints a eu lieu le 1er novembre 1994 pour une période renouvelable de cinq ans.

Le secrétariat permanent à la politique de prévention est un nouveau service central auprès du ministère de l'Intérieur qui est chargé de soutenir les initiatives de prévention locales, ainsi que la politique de prévention en Belgique. Il contribue aussi à la réalisation d'analyses des phénomènes de criminalité, met à disposition une vaste documentation, édite une revue et organise régulièrement des formations et des discussions sur la manière d'aborder la criminalité et sa prévention.

Le secrétariat permanent transmet annuellement un rapport sur les activités du service, par lequel il informe en permanence le ministre de l'Intérieur de tous les éléments susceptibles de présenter un intérêt pour la politique de prévention de la criminalité et toutes les propositions qui lui paraissent utiles.

Les personnes qui travaillent au secrétariat permanent sont en général des contractuels possédant pour la plupart une formation universitaire complétée le plus souvent par une expérience dans un vaste domaine de la gestion de la criminalité.

Depuis 1993 le secrétariat permanent à la Politique de prévention assure la gestion et l'organisation des contrats de sécurité et de prévention.

Pour l'année 1994, les contrats de sécurité des cinq villes belges et des sept communes de la région bruxelloise étaient prolongés. Cette année-là, des contrats de sécurité ont également été conclus avec quinze villes de taille moyenne (neuf avaient conclu en 1993 un contrat de prévention) et avec deux autres communes de la région bruxelloise. 1,41 milliard de francs belges était prévu par le gouvernement fédéral pour le financement des vingt-neuf contrats de sécurité.

Neuf villes de taille moyenne ont conclu en 1994 pour la première fois un contrat de prévention. Cent trente millions de francs belges étaient prévus par le gouvernement fédéral pour le financement des contrats de prévention avec vingt-trois villes et communes.

En 1994, le ministre de l'Intérieur imposait aux villes et communes contractantes de développer des projets de prévention de la criminalité liée aux voitures et d'organiser des projets de formation pour jeunes d'âge scolaire contre l'usage de drogues illicites.

Le 10 juin 1994, le ministre de l'Intérieur a énuméré dans un Arrêté royal les conditions qui doivent être remplies pour qu'une ville ou commune puisse être sélectionnée pour un contrat de sécurité. Cent fonctionnaires de police communale au moins, doivent être en service dans cette ville ou commune.

Les conditions supplémentaires sont entre autres l'installation d'un conseil communal de prévention, l'engagement d'un fonctionnaire de prévention, la participation à la concertation pentagonale, le développement d'une prestation maximale de services envers la population par le biais d'accords de coopération avec la gendarmerie, la coopération avec le service.

Un Arrêté royal du 5 juillet 1994 a fixé les conditions qui doivent être remplies pour qu'une ville ou une commune puisse conclure un contrat de prévention. Plusieurs conditions mentionnées *supra* étaient reprises. Plus particulièrement, pour ce type de contrat, la condition posée était que le taux de criminalité enregistrée pour 1 000 habitants dépasse la moyenne nationale ou que la commune ait connu durant deux années consécutives une montée de la criminalité.

En 1995, le gouvernement a investi 1,54 milliard de francs belges dans les contrats de sécurité de vingt-neuf villes et communes. Depuis 1995, ces villes et communes pouvaient également recevoir un financement pour des projets directement liés au contrat de sécurité, comme l'accompagnement de mesures pénales alternatives, la prévention de la drogue, la création d'un centre d'accueil médico-social pour toxicomanes.

En 1995, le gouvernement a conclu des contrats de prévention avec vingt-neuf villes et communes, dont six nouveaux contrats. Il y a investi cent soixante-dix millions de francs belges.

Suite aux élections parlementaires du 21 mai 1995, un nouveau gouvernement de centre-gauche a été formé le 28 juin 1995 avec les démocrates-chrétiens et les socialistes. Johan Vande Lanotte, socialiste flamand, qui déjà à la fin de la période gouvernementale précédente avait remplacé Louis Tobback comme ministre de l'Intérieur, était maintenu à ce poste ministériel.

En 1996, le ministre de l'Intérieur a prolongé les contrats de sécurité et de prévention, conclus en 1995. Le montant du financement de la politique de prévention et de sécurité est resté le même qu'en 1995.

V - D'un contrat de sécurité vers un contrat de société

Début 1996, le gouvernement a annoncé qu'il conclurait l'année prochaine des contrats de société avec les villes et communes, qui jusqu'à présent disposent d'un contrat de sécurité. Ces nouveaux contrats de société contiendront :

- des projets concernant le fonctionnement de la police communale (l'actuel volet policier des contrats de sécurité) ;
- des projets de prévention (l'actuel volet prévention des contrats de sécurité) ;
- des projets de prévention d'usage de drogues et d'accueil de toxicomanes (l'actuel volet drogue des contrats de sécurité) ;
- des projets d'accompagnement de mesures pénales alternatives (sous l'autorité du ministre de la Justice) ;
- un nouveau volet social concernant la rénovation des quartiers urbains en coopération et en partenariat avec les régions et les communautés belges.

Le ministre de l'Intérieur assurera la coordination générale. Il gèrera le Fonds de sécurité en coopération avec son homologue des Affaires sociales.

VI - Quelques réflexions critiques sur la politique fédérale de prévention de la criminalité en Belgique

1 - Politique de prévention et politique socio-économique néo-libérale

La politique de prévention de criminalité s'est développée en Belgique dans le cadre d'une politique gouvernementale socio-économique néo-libérale, modérée par des accents démocrate-chrétien et social-démocrate. Les effets sociaux, culturels et idéologiques de la restructuration économique causée par l'internationalisation économique, et des politiques gouvernementales ont marginalisé une partie de plus en plus grande de la population. Face à cette marginalisation des stratégies de survie ont été développées qui, dans plusieurs cas, ont mené à des incivilités sociales et à des passages à l'acte délinquant. Une plus grande vulnérabilité de certaines couches de la classe ouvrière et de la classe moyenne s'est traduite par une augmentation du risque de victimation et des sentiments d'insécurité. Les situations et groupes à problèmes se sont plus particulièrement manifestés dans certains quartiers des villes.

Pour faire face au déficit budgétaire, les gouvernements successifs ont mené une politique d'assainissement, principalement dans le domaine des dépenses publiques sociales. Les villes belges ont également été obligées d'assainir leurs finances, ce qui a fortement restreint leurs possibilités à développer une politique sociale locale.

Les budgets des ministères fédéraux de l'Intérieur et de la Justice n'ont, par contre, pas été réduits. Ils ont au contraire augmenté continuellement suite à plusieurs plans gouvernementaux concernant la sécurité des citoyens. Par une politique de contractualisation une partie du budget fédéral a été redistribuée depuis 1992 aux villes et communes, confrontées à un certain taux de petite et moyenne délinquance. Les gouvernements des années 1980 et 1990 sont de moins en moins intervenus directement dans la gestion économique du pays. La volonté politique des gouvernements à aborder les nouveaux problèmes sociaux par une approche structurelle a fortement diminué ces dernières années. Les gouvernements des années 1990 ont par contre été bien disposés à développer des politiques contre les nuisances et les atteintes à l'ordre public, qui sont les manifestations visibles de ces nouveaux problèmes sociaux. Ces politiques des groupements de centre-gauche se distinguent des projets politiques de droite et d'extrême droite par la conviction qu'une politique de sécurité ne contient pas seulement une répression sévère par la police et la justice et une prévention répressive par la police, mais également un contrôle social moins répressif des situations et groupes à problèmes. Il s'agit d'une version social-démocrate de l'Etat de sécurité, qui s'est développé en Belgique avec le processus de démantèlement de l'Etat-providence.

Contrairement au discours des ministres socialistes de l'Intérieur qui soulignent que la politique de sécurité et de prévention doit être raccordée à la politique sociale, la pratique nous montre que c'est le ministre de l'Intérieur qui, de plus en plus, joue le rôle moteur dans l'élaboration d'une politique sociale, d'une politique de la ville, d'une politique de la drogue, d'une politique de l'immigration... Des problèmes sociaux, des problèmes de la ville, des problèmes d'habitat, des problèmes de drogues, des problèmes de l'immigration... sont en premier lieu définis comme des problèmes de criminalité et d'insécurité. Les politiques sociales d'autres ministères fédéraux et des régions et communautés deviennent subordonnées à la politique de sécurité du gouvernement.

L'Etat n'intervient activement que lorsque des situations et groupes à problèmes posent des problèmes d'ordre public.

Les succès électoraux de l'extrême droite ont accéléré cette évolution vers un Etat de sécurité.

2 - Le rôle dominant de la police sur la politique de prévention

La nouvelle prévention policière, développée en Belgique au début des années 1980 par quelques jeunes officiers de police communale et officiers supérieurs de la gendarmerie, anticipait sur une réorganisation profonde du fonctionnement des services de police et de l'Etat dans les années 1990.

Le développement d'une politique fédérale de prévention et de sécurité est allé de pair avec des plans gouvernementaux de réorganisation des services de police. Au début des années 1980, la gendarmerie a joué un rôle novateur dans l'élaboration des nouvelles pratiques de prévention policière. Dans quelques villes, des officiers de police communale ont très vite mis en œuvre des mêmes pratiques de prévention.

En 1985, ce modèle policier de prévention a été repris par le ministre de l'Intérieur Nothomb et a été généralisé pour les neuf provinces de la Belgique. La gendarmerie et la police communale ont joué un rôle moteur dans l'organisation et la mise en œuvre de la prévention de la criminalité. Avec l'entrée des socialistes dans le gouvernement fédéral en 1988, les services de police ont connu une réorganisation profonde.

La fonction policière de base devait selon le nouveau gouvernement être exercée par la police communale. La gendarmerie était démilitarisée et devait fonctionner comme une police de seconde ligne. Parmi les services de police c'était en premier lieu la police communale qui par son implantation locale devait s'occuper de la prévention de la criminalité. Mais en même temps le rôle de la police communale dans l'élaboration et la mise en œuvre de la prévention était relégué au second plan, vu la priorité du gouvernement de développer au niveau local une politique administrative et intégrée de prévention. Par manque de compétence et d'expertise en matière de prévention, beaucoup de bourgmestres ont dans la pratique délégué l'élaboration d'une politique locale de prévention à leurs chefs de corps de police communale ou à leurs officiers de prévention. Rares sont les cas où le bourgmestre lui-même a développé un plan d'action préventive en concertation avec différents partenaires.

Dans la plupart des villes et communes, la police communale a donc continué à dominer la politique de prévention. En 1992, la police communale s'est sentie confirmée dans son rôle dominant par le fait que dans les contrats de sécurité les projets de prévention étaient liés à des projets de modernisation et de réorganisation de la police communale. Suite à sa démilitarisation la gendarmerie a connu depuis 1990 une réorganisation profonde. Malgré la volonté du gouvernement de laisser à la gendarmerie un rôle de police de seconde ligne, celle-ci a tout de même développé avec succès des pratiques de police de proximité. La gendarmerie ne s'est jamais résignée à cette répartition des tâches policières selon laquelle la gendarmerie n'avait plus de rôle important à jouer dans le domaine de la prévention de la criminalité.

La gendarmerie a continué à exercer des pratiques préventives dans des communes de banlieue et rurales et sous forme d'aide policière aux victimes dans les agglomérations plus grandes où la police communale était supposée faire de la prévention.

Pour la gendarmerie et la police communale, le développement d'une politique de prévention policière a été un moyen important pour compenser une perte de légitimité causée entre autres par la diminution du taux d'élucidation des délits commis.

3 - La prévention de la criminalité est principalement une prévention technique et situationnelle de victimation

Dans les années 1970 la prévention de la criminalité signifiait une prévention du passage à l'acte délinquant. Cette forme de prévention était en premier lieu développée dans le cadre de la protection sociale de la jeunesse. Avec les nouvelles formes de prévention policière, on évoluait dans les années 1980 vers une prévention de victimation. Des projets de prévention du passage à l'acte délinquant étaient également mis sur pied pour des jeunes principalement originaires des classes moyennes. Dans les années 1990, la prévention de la victimation reste dominante. Au début de cette décennie, quelques projets de prévention ont essayé d'infléchir les processus de marginalisation qui menaient des jeunes à commettre des délits. Depuis 1992, la plupart de ces projets de prévention sociale n'ont plus cette ambition et se limitent à surveiller et occuper des jeunes qui échappent au contrôle de la famille et de l'école afin qu'ils soient moins visibles et menaçants dans les espaces publics et qu'ils causent moins d'ennuis et d'incivilités.

Les politiques de prévention et de sécurité en Belgique ont surtout comme objet la petite et moyenne délinquance contre les biens et la personne dont sont victimes les personnes privées et les ménages. Des projets de prévention de la violence entre personnes ayant une relation personnelle sont exceptionnels. Ceci est également le cas pour la petite et moyenne délinquance contre le patrimoine public et contre les entreprises. La prévention de la criminalité organisée et de la criminalité en col blanc n'est pas un objectif de cette politique.

Les projets de prévention de la victimation d'orientation technique et situationnelle s'adressent en premier lieu aux couches de classes moyennes qui, contrairement aux plus nantis, n'ont pas encore fait appel aux services du marché privé de sécurité pour se protéger contre la délinquance. Ces projets font partie d'une nouvelle politique des pouvoirs publics qui, ne pouvant plus garantir pleinement la sécurité des citoyens, tente de responsabiliser les citoyens pour leur propre sécurité.

Les projets de prévention de la victimation qui s'orientent vers les couches populaires vivant dans des quartiers défavorisés, sont plutôt rares.

Ces projets de prévention de la victimation s'associent de plus en plus ces dernières années à une augmentation de l'effet dissuasif de la police par une plus grande présence de cette dernière dans la rue, par l'organisation d'actions policières d'observation de quartier...

Peu de projets de prévention ont pour groupe-cible les personnes vivant retirées avec de forts sentiments d'insécurité.

4 - Les difficultés du développement d'une politique administrative de prévention

Dès 1990, les autorités locales ont été impliquées dans la politique fédérale de prévention de la criminalité. Un rôle moteur dans l'élaboration et la mise en oeuvre d'une politique locale de prévention a été attribué au bourgmestre. Dès 1992, sa responsabilité en la matière devenait encore plus grande puisqu'il devait négocier et exécuter un contrat de sécurité ou de prévention. Ces dernières années, nombre de bourgmestres ont parcouru un processus d'apprentissage en matière de prévention et de sécurité. En dehors des corps de police, certains services communaux, des fonctionnaires, coordinateurs et assistants de prévention ont développé une certaine expertise et compétence en matière de criminalité et de prévention.

Trop souvent leurs analyses des problèmes de criminalité et d'insécurité sont fortement imprégnées par une vision policière. L'élaboration par les autorités publiques locales d'une dynamique propre en matière de prévention et de sécurité, est rare par manque de formation et de soutien du ministre de l'Intérieur. Dans beaucoup de villes et communes le nouveau dispositif préventif fonctionne comme un appendice de l'appareil policier communal.

Comme au niveau fédéral des problèmes de jeunes, de drogue, de l'habitat, d'immigration..., au niveau de la ville ou de certains quartiers sont en premier lieu perçus par les autorités locales comme des problèmes de criminalité et d'insécurité. Par conséquent dans beaucoup de villes des politiques développées par d'autres services communaux et associations sociales sont subordonnées à la politique de prévention et de sécurité.

A quelques exceptions près, un vrai partenariat entre différents acteurs locaux concernés par la politique de prévention et de sécurité n'a pas été installé sous l'autorité du bourgmestre.

Quand il ne s'agit pas d'une politique ou d'un programme de prévention de la criminalité au niveau local, mais d'un projet concret, le partenariat dans l'élaboration et l'exécution du projet a une plus grande chance de réussir. Les chances de réussite augmentent si, parmi les partenaires, il n'y a pas de conflits entre différentes approches professionnelles envers le problème à prévenir. Ceci explique la préférence de la police pour collaborer avec des partenaires qui n'ont pas de vision professionnelle particulière comme une association de parents d'élèves, des groupes d'autodéfense, des exploitants de cafés et de dancings, ou avec des partenaires disposés à subordonner leur vision professionnelle à celle de la police. Dans plusieurs cas, des assistants de prévention avec une formation d'assistant social, de criminologue, psychologue ou sociologue ne montrent pas d'objections à inscrire leurs interventions dans une logique policière.

L'élaboration d'un partenariat entre travailleurs sociaux et policiers est souvent difficile, non pas lorsqu'il s'agit d'un projet de prévention de victimation mais surtout quand il s'agit d'un projet de prévention du passage à l'acte. Plusieurs conflits ont surgi d'ailleurs entre travailleurs de rue travaillant avec des jeunes à problèmes et police.

Depuis le développement d'une politique fédérale de prévention et de sécurité plusieurs organes de concertation ont été installés. Ces concertations ont dans la plupart des cas mené à un échange d'informations entre participants à cette concertation. Elles ont rarement abouti à des politiques ou des programmes auxquels tous les partenaires pouvaient souscrire.

A cet égard les conseils communaux de prévention ont le plus souvent mal fonctionné car les occasions pour conseiller le bourgmestre dans le développement d'une politique locale de prévention sont plutôt exceptionnelles. Dans plusieurs villes et communes les conseils communaux ont été informés annuellement du contenu des contrats de sécurité ou de prévention après qu'ils aient été conclus, sans pouvoir en influencer le contenu de quelque façon que se soit.

Au niveau fédéral la concertation a été encore plus catastrophique puisque le Conseil supérieur de la prévention de la criminalité n'a plus été réuni par le ministre de l'Intérieur depuis 1992.

Quant au caractère intégré de la politique de prévention et de sécurité, nous pouvons constater souvent qu'une certaine intégration a été réalisée au niveau d'un projet concret.

Au niveau de l'intégration des différents projets de prévention en cours d'exécution dans le cadre d'un contrat de sécurité ou de prévention et de l'intégration de la politique de prévention avec des actions préventives d'autres associations, qui ne sont pas directement impliquées et avec d'autres politiques locales, tout un chemin reste encore à parcourir.

5 - L'absence de base scientifique pour la politique de prévention

Contrairement à d'autres pays comme la France avec le *rapport Bonnemaison* ou les Pays-Bas avec le *rapport Roethof*, les plans gouvernementaux en matière de prévention et de sécurité n'ont pas été précédés par le travail d'une commission d'experts. Une base scientifique de la politique gouvernementale de prévention est absente. En réalité le développement de la politique fédérale de prévention a été inspirée par la théorie de l'opportunité, du choix rationnel et du contrôle situationnel. Entre 1988 et 1991 il y a également eu une certaine influence de la théorie de l'exclusion sociale. Dans les notes d'orientation et circulaires du ministre de l'Intérieur on ne trouve que des références très vagues à ces théories.

Peu d'attention a été portée à l'évaluation des politiques de prévention et de sécurité. Durant les années 1980, aucun effort d'évaluation n'a été entrepris par les autorités fédérales et provinciales.

En 1991 et 1992 le ministre de l'Intérieur de l'époque a pris l'initiative courageuse de laisser évaluer les projets pilotes de prévention par quatre équipes de recherche. Malheureusement le même ministre n'a pas tenu compte des constatations et recommandations formulées dans les quatre rapports de recherche, dans l'élaboration ultérieure de sa politique de prévention sous la forme de contrats de sécurité et de prévention. Depuis 1992 peu de recherches d'évaluation extérieures ont été effectuées avec peu de moyens financiers. De plus, les projets à évaluer par un chercheur étaient tellement nombreux que la qualité scientifique de l'évaluation ne peut être que douteuse.

Malgré l'installation d'un secrétariat permanent à la Politique de prévention en 1993, disposant de beaucoup de moyens financiers et de personnel qualifié, peu de travail d'évaluation interne des projets de prévention a été entrepris.

Ce secrétariat a beaucoup investi dans la formation permanente des assistants de prévention. Il a entrepris quelques analyses intéressantes sur des phénomènes comme le cambriolage mais il a peu soutenu le travail des assistants de prévention sur le terrain.

6 - Un bilan peu encourageant de la politique de prévention

Au niveau fédéral les gouvernements successifs ont développé durant les dix dernières années une structure et une politique de prévention. Ils y ont investi de plus en plus de moyens financiers et de personnel. Une politique de prévention a évolué vers une politique de sécurité. Le bilan de cette politique de prévention et de sécurité n'est pas très encourageant ; elle aura certainement eu des effets positifs, mais ils sont minimes et peu visibles pour la population. Le gouvernement fédéral et les autorités publiques locales, rencontrent toutes les difficultés par manque d'évaluations et d'autres recherches pour démontrer que ces politiques ont eu des résultats concrets. Une partie plus grande de l'électorat a l'impression que la petite et la moyenne criminalité ont augmenté et que ses sentiments d'insécurité sont justifiés. Des partis de droite et d'extrême droite attendent peu d'une politique de prévention et n'y croient pas. Ils sont partisans d'une répression plus dure de la criminalité. La majorité actuelle de centre gauche est en panne d'idées et d'inspiration pour revitaliser sa politique de prévention. Elle reprendra probablement des suggestions encore plus sécuritaires formulées par la droite et l'extrême droite.

RUMOURS OF PREVENTION

Heinz Steinert

La première partie de ce chapitre s'attache à décrire la politique de prévention en Autriche : un discours officiel sans guère d'autres mesures concrètes que des actions publicitaires ; une tentative de la police pour se débarrasser de la petite délinquance en invitant la population à prendre en main sa propre protection et à recourir à l'industrie privée de la sécurité ; finalement des efforts soutenus de prévention de la délinquance politique et du crime organisé. En s'adossant à l'oeuvre de Horkheimer et de Adorno sur la Dialektik der Aufklärung, *la deuxième partie montre une sorte de perversion de l'idée de prévention telle que l'avait élaborée la philosophie des lumières. Finalement, l'auteur tente de distinguer deux types de prévention, l'un positif, l'autre négatif ; cette distinction correspondrait plus ou moins à la prévention situationnelle et à la prévention personnelle.*

The first part of this chapter contains a description of prevention policy in Austria, where there is an official position but hardly any concrete action other than that undertaken for the sake of publicity, an attempt by the police to eliminate petty crime by encouraging the population to protect itself and to resort to the private security industry, and last, considerable efforts to prevent political and organized crime. The second part, referring to Horkheimer and Adorno's work on the Dialektik der Aufklärung, shows that the idea of prevention as it was conceived by the philosophers of the Enlightenment has been somewhat perverted. Last, the author defines two types of prevention, one positive, the other negative ; this distinction seems to correspond more or less to situational prevention and personal prevention.

This report - and the two papers of which it is comprised - must now be seen as 'historical' material. Both papers are dated 1991/1992 - and even in Austria at least some things have changed since then. 'Prevention' has - together with 'crime' and particularly 'organised crime' - become much more of a political issue, due to campaigns by the populist right and helpless attempts by the coalition government parties to outflank them on the authoritarian side (the statistical figures of 'crimes known to the police' have actually gone down in recent years, but that, as we know from numerous examples, does not necessarily lower the high profile of the issue). The police have - as written into the *Sicherheitspolizeigesetz* mentioned in the first of the two papers - now been given the task of 'prevention'. This has recently allowed them to attempt to acquire the power to tap phones and bug private rooms for the sake of 'prevention' (*Lauschangriff*) and also the power to combine and scan mass personal data - equally for the sake of 'prevention' (*Rasterfahndung*). That attempt did not succeed, but it is an indicator of how the Austrian police see and try to use 'prevention'.

At the same time there has been talk about 'community policing', even attempts in some places to create better contacts between police and the community. Consultants have developed criteria regarding the feasibility of 'community policing'. A special branch of 'youth contact police' has been installed and trained.

Our institute has run a project to produce data for and develop 'community prevention', funded by the city of Vienna (and a little later a second one of similar kind for the city of Graz, Styria). The simple idea was that 'prevention' should be a primarily communal activity, not a specialised police one. A survey of the actual 'irritations' people experienced in their neighbourhood produced the same findings as have occurred in many countries. It is not 'crime' which produces fear and 'insecurity', but rather 'signs of neglect and deterioration'. Stimulating people's involvement in decisions and plans for their neighbourhoods should, therefore, make people better equipped to manage their conflicts and troubles without having to try to mobilise the state to eliminate a 'troublemaker'. This process was to be initiated by (professionally monitored) working groups in the community.

Surprisingly, when - after the surveys - group-work with people in the community had at last got under way, the project was stopped by the Vienna administration. It had become too expensive and also a little bit politically 'insecure'. Could we guarantee that these groups would not be taken over by right-wing populists ? Instead a huge (and much more expensive) PR campaign was started to tell people that Vienna is 'secure' and that they should relate better to their neighbours. We know now that the project fell because of internal shifts of influence in the administration, but it is also obvious again that 'prevention' is an issue for Sunday speeches and other PR activities and not for action, least of all by 'non-experts' (where the acknowledged 'experts' are the police and only the police).

This seems to be the general lesson that we should at last take in : it is useful in many ways and for diverse actors to talk about 'prevention'. But it triggers conflicts of all kinds if one of the actors should try to act upon such talk. Why, then, do more than talk ?

I - Report on *Prevention* in Austria (Concerning the State of Play in 1992)

1 - No *Prevention*

The most striking feature of 'prevention' in Austria is that there is virtually none.

There is, of course, general abstract affirmation of the importance of prevention. If one talks to people in the police or in the Ministry of the Interior, it is easy to obtain general statements that surely prevention is much more important, sensible, necessary, etc. than punishment. It is what the population expects and demands from the police. But the police cannot meet this demand other than, as they say, by catching criminals efficiently and by having them punished. This is their way of preventing crime, they believe. The problem is that the police do not have enough man-power and other power, that the criminal law is too soft and that the courts do not punish criminals as they should. Thus, they accept that their task is 'prevention' and they accept that they cannot fulfil it and they are unhappy, sometimes even furious about this, but they carry on as they always did.

The general affirmation of prevention is not followed by any practical measures. In Austria there are no neighbourhood-watch schemes - at least none that the police know of or would even have organised - and there is no ideology of 'prevention' around. Such ideas have to be imported from Germany.

There is some 'prevention', though. There is a small unit responsible for 'prevention' in the Ministry of the Interior, which has some police staff attached to them. I have talked to their head officers, read their yearly report and I have visited a 'security fair' which took place in Vienna in April and in which the *Kriminalpolizeiliche Beratungsdienst* ('Police Prevention Information Service') was involved.

There is also a little section on 'prevention' in the new *Sicherheitspolizeigesetz* ('General Police Act') which will be in force from 1993. It says that the police have the duty and the right to stop a crime in progress or immediately about to begin. They need not wait for its completion. This type of intervention is called 'prevention' and it is certainly problematic : how does a police-person know that what he or she sees is part of a crime immediately about to start ? But this is not the only very 'general clause' upon which police work will be able to be based. Its effect remains to be seen.

2 - *Prevention* as Public Relations Work

The central unit responsible for 'prevention' mentioned above consists of four people. There are now twenty officers attached to them, dispersed round the country. Their main activity is giving advice, both outside and inside the police force. They are in charge of local press campaigns and of the *Kriminalpolizeiliche Beratungsstelle*, where people can ask for advice on questions of security and prevention. They co-operate tightly with the security industry, which is organised in a *Verband der Sicherheitsunternehmungen Österreichs* and see it as their task to warn people about the dangers of crime and that these can be fought by buying proper technical protection.

For this public relations work they have campaigns on different topics. Their problem here is that it is only possible to treat one topic at a time, that it is not possible to change the topic very fast, and that, therefore, the unit has to be highly selective in its choice of topic and cannot react to new and current needs. In any PR campaign, it is necessary to activate the public about problems that one part of them does not have, another part does not want to be bothered with, and a further part has solved already. To create interest you have to mobilise or even create fear of crime - and they see a problem there. Besides, the media do not co-operate as they should. They do not have regular spots like *Die Kriminalpolizei rät* on TV or radio, even though there are only publicly funded stations in Austria. The media do not give them time and they cannot afford to buy it. And even if they were given free TV-time they could not afford the production of the films necessary. On balance the conclusion has to be that such public campaigns are necessary but problematic.

A second tactic is to combine regular police work with advice on prevention. After a burglary people are very willing to protect themselves against another burglary and they probably talk about the problem with their friends and neighbours. This is the point to intervene to give information on a personal and at a local level. It would accordingly be necessary that all police officers are alert and capable of using such situations for protective advice. The few specialised officers just cannot be everywhere. But internal training and propaganda on 'prevention' have probably not reached the out-posts of the gendarmerie and alertness to this need also has to be renewed regularly. The task is overwhelming.

Another tactic is local campaigns. These either follow spectacular criminal events (a combination of tactics one and two) or result from research by the police into a special problem. Such research cannot be done too often, because it is an extra load on already over-worked personnel. One research result that I recall was that a high percentage of cars parked in the streets of Vienna are not properly locked. The result of another recent inquiry was that only a small percentage of shops have proper technical protection and alarm installations. These are interesting findings - but there is a problem for the 'prevention' unit. They have the effect of putting the blame on (prospective) victims. Thus they are neither motivating for the police nor very popular with the public. Their publication might even have the contrary effect of showing people how little criminality there is compared to the vast number of opportunities.

For use in all of those activities a number of folders/briefing packs have been produced, each devoted to a special topic, including security advice for shop owners, for owners of works of art, for owners of firearms, for car owners, in relation to doors of residential property, for those carrying cash, for truck drivers, for older citizens, for tobacco shop attendants, for taxi drivers, for cyclists, for skiers, for tourists and for women. What is remarkable about these leaflets is the lack of professionalism in their wording, layout and even their orthography. Besides, their informational content is minimal - almost just 'be careful'. Almost everybody knows that it is useful to have a lock on the door and that two locks are better than one. Everybody also knows that it is quite inconvenient to have to fumble with two keys every time. Every woman knows that it is on the whole safer (and more convenient) to use a taxi at night than to walk home. And do we really need the police (or the voice from the station loudspeaker) to provide us with the idea not to leave our luggage unattended ? One probably useful piece of advice is addressed to truckers : *Never trust people you do not know who try to stop you, even if they wear a uniform.*

Asked whether they would like to see 'community policing' or 'neighbourhood-watch' schemes organised, the heads of the prevention unit are quite sure. They do not need anything of the kind, although they have heard about it. No, wouldn't that be quite close to vigilante movements ? And we find it important to keep up the police monopoly and trust in police. The main point is technical prevention. No, we do not need police laboratories and engineers for that, we can rely on the security industry. We just need to co-operate with them and pick out the best of their products.

The Austrian security industry is organised in a *Verband der Sicherheitsunternehmungen Österreichs* (VSO), divided into three sections : 'electronic', 'mechanical security devices' and 'security organisation and services'. It consists of 38 member companies. They have a 'technical commission' which gives (or denies) certificates to individual security products. One of its members is nominated by the police. The police, in turn, advise people to buy technical prevention gadgets and only buy them from members of the VSO. They also withdraw from tasks that can profitably be taken over by the private security services. This is legitimated as reducing the work load and thus freeing the police for their proper tasks. They have, for instance, given up protecting those transporting cash. Even the Austrian National Bank now hires a private security service for their vans. There is talk of removing police service from consulates and embassies (most of them have inside security personnel of their own anyway). It is obvious that the security industry in turn subsidies police publications by advertisements. There are also donations to police associations, we can assume. Not least there is a *Kuratorium Sicheres Österreich*, financed mostly by insurance companies, which often - and in style - organises lectures and other meetings between police and relevant pillars of society, always including the press. One more direct connection is that, as I have been told, members of the security services and detective agencies tend to be ex-policemen. There are indications of the existence of something like a 'police-technical complex'.

What effects are there to be expected from such police activities ? There is little reason to assume that victimisation and crime rates will be influenced by such pseudo-information and exhortation, even if they should reach a relevant public. I also cannot think of a reason why they should influence fear of crime beyond what is being achieved by sensational crime reporting anyway. The police try to take on the role of experts on crime and prevention, but they do not have any information which goes beyond what is common cultural wisdom. They co-operate willingly with the security industry in various ways. 'Prevention' is largely seen in terms of such comodification of security in Austria.

3 - More *Prevention* : Political Police

My suspicion was that this 'harmless' Austrian concept of 'prevention' with its 'old-European' tinge, cannot be all there is to it. I therefore also interviewed the head of the political police (*Staatspolizei*), at 36 a young man for that position, as to what he thinks of prevention.

For him it is quite self-evident that his job is prevention in the first place. *We do not want to catch terrorists after an assault, we do not want to have such attacks. We want to keep heroin out of the country, not arrest dealers after they have sold it. We do not want illegal arms deals to take place and we do not want political corruption to occur. When we have to punish that we are too late*. His job, therefore, is quite different from run-of-the mill detective work. The police investigation starts when a crime has been committed. Then the detective has to find the criminal and make the evidence water-proof. The political police have to know their criminals and be on the spot when they move towards actually committing their crimes. Their 'clients', therefore, are mainly political radicals, shady business-people and politicians who might get in contact with these groups, as victims or as (more or less unintentional) accomplices.

Political radicals usually speak out and make themselves known, at least within their subcultures. 'Shady' business usually makes itself notable by the company they keep and by heavy and 'disreputable' spending. He gave me two examples. One was just to take systematically photos of stall seats at the horse races, at boxing fights or even in the soccer-stadium and note who is in whose company. Or to get hold of the guest-list of parties given by a known and prominent half world-figure and then follow up those who make themselves suspect in other ways. Of course, you also have to have international connections - at least the same way they do, if possible better ones.

This led into a bitter criticism of police provincialism. He compared public administration with private enterprise and demanded management equivalent to the latter. There should be exchange of top people between the private and the public sector, with both working in an effect-oriented, not a safety-oriented way like the police do today. Modern, international management and prevention go together. This way the police will produce the security that is expected from them.

Political police cannot be controlled politically, because politicians are among their suspects. They can only be controlled judicially. They are not supposed to break laws, but how they work cannot be prescribed administratively as is done in other parts of the executive. And there are grave dangers : democracy is at stake because of the huge amounts of money available in organised crime and the international reach of illegal business and political radicalism. Action against these cannot be legislated but has to be managed efficiently.

4 - Two Kinds of Prevention

What is the exact difference between these two usages of 'prevention' ? And how are they related ?

The most obvious difference is that in the prevention of everyday crime, the police want to delegate the job, which in the prevention of politically relevant crime they definitely do not. Everyday prevention, they feel, should be taken over by prospective victims, partly because only they are in the position to do it, partly because the police cannot be bothered. In 'political prevention', the victim is the structure ('democracy') and it is to be defended against possible attacks from (in a broad sense) political actors.

Secondly it seems that in 'everyday prevention', the police are pretty helpless. In fact they offer advice in which there is nothing new for a relatively competent member of society and where the help they can provide is mainly organisational. I think the Austrian case is extreme and can therefore make us aware of what may happen elsewhere. Essentially, in everyday prevention, a former (alleged) police function is being privatised. The police are acting as sales agents for the security industry. I am not sure about the effectiveness of 'political prevention', but at least here the field is not being abandoned, but rather work in it is being modernised.

This corresponds to the fact that 'everyday crime' has become seen as unmanageable by classical police methodology, which was to know and keep under control the 'criminal subculture'. Today, in contrast, 'everyday crime' is not done by such 'knowable' criminals but by 'people like you and me'. In contrast, the concept of 'organised crime' substitutes the 'criminal subculture' with the 'criminal organisation' and thus fits into the classical pattern of police thinking and acting. Here they also find an autonomous task again ; here they are not just bailiffs but, on the contrary, try to instrumentalise the criminal law towards their purpose of preventing harm to democracy and to the constitution.

The 'modernisation' being aimed at seems to imply greater freedom from bureaucratic restrictions on the police, i.e. access to and free disposal of money, time and other resources, and less legal responsibility for every single step. Rather, 'success' should be the criterion. Success, of course, is hard to measure, particularly when it consists of preventing events that do not occur and thus can only be judged by insiders. (No outside person knows how many attacks have been prevented when the one attack does occur.) The word 'professionalism' that is used in this context also has a connotation of 'professional self-control' instead of bureaucratic control.

I think we can now identify the struggles and conflicts that are being conducted and fought with the help of and around concepts of 'prevention' :

In 'everyday prevention' police try to get rid of tasks that they cannot fulfil. Paradoxically they do not say so, but on the contrary claim a new and additional task (or at least method) at last to fulfil the old task of producing everyday 'security'. On the other hand they are 'privatising' this task. Obviously they want to keep this privatisation under control through different means : by organising it themselves, by delegating it to private services or even to technology and by influencing these services and commodities through a kind of 'quality control'.

In fact this whole field should be removed from the police monopoly. Most everyday risks are not due to 'crime' anyway. If administrative action is needed for everyday prevention, communal and social administration would be the best equipped to be in charge. Local democracy and autonomy is all that is needed here. The police function could be 'crisis intervention' and 'conflict management'.

In 'political prevention', the police try to be 'professionals'. That means developing a task and task control of their own, only in the very last dependent on criminal law and its restrictions.

In both cases there is a conflict with law and thus lawyers and judges. In the first case the conflict is with the 'principle of legality' which forces the police to accept tasks connected to criminal law. In the second case the conflict is with the legal restrictions of search and documentation on the one hand, of conviction and punishment on the other. Both uses of 'prevention', then, have one thing in common : they are in conflict with the current provisions of criminal law and with lawyer interests, more generally with the traditional model of legal control of executive action.

In the second part of this report this 'traditional model' and the place of 'prevention' in its historical development are examined and interpreted.

II - The Idea of Prevention and the Critique of Instrumental Reason[1]

We have become used to demanding instrumental effects from criminal law, as from other types of state intervention into the lives of citizens. Liberals, particularly, demand the proof of such consequences where the intervention is directed against citizens, where it inflicts pain and disadvantage upon them. But would this pain which is deliberately inflicted by organised state intervention be justified if it 'worked' ? Does an - always uncertain - preventive effect in the future justify the pain caused by state punishment now ?

The whole idea of prevention is part of one of the grave mistakes of this century. Or to be more exact : one of the mistakes inherited from the 19th, but whose catastrophic implications have only been brought out in this century - the prevalence of instrumental reason. But then, doesn't 'prevention' sound so utterly rational ? Who could possibly say anything against the idea that we will, instead of finding solutions to problems, see to it that these problems do not arise in the first place ? We also have some excellent success stories to tell about this strategy : the development of general protective vaccination against epidemic diseases ; sewerage, clean water and other hygienic measures to mitigate much of the urban misery of the 19th century ; iodination of table salt to prevent thyroid malfunctioning and goitre ; fluoridation of drinking water to prevent dental decay ; general and compulsory insurances of different kinds, bundled into what we now call the 'welfare

---

[1] Extract from the manuscript of a paper given on November 27, 1991, at the 8th International Symposium of the Research Centre "Prevention and Intervention in Childhood and Adolescence", University of Bielefeld, Germany, to be published in a volume documenting that conference.

state', against the hunger, illness, homelessness and disruption of social relations - not to forget the political radicalism - of the impoverished and demoralised labouring classes of the last century and the beginning of this century. Could there possibly be anything wrong with all that ?

In our narrower field, criminal law and punishment, many hope that 'prevention' might at least alleviate some of the problems of institutions in this field, such as the failure of the police, whose model of intervention does not any longer fit today's reality of harmful social actions, or the uneasiness many people, including judges and prosecutors, have with the right of the state to punish, i.e., to inflict pain upon and to exclude certain of its citizens. Wouldn't the police be much more successful in creating the security we all expect from their activities if they did not have to wait for a crime to be committed, but could instead concentrate on preventing them ? And there is a hope that we might be able to dispense with the offensive empowerment of the state to punish if we can - by preventing them - get rid of the actions that, and the people who, now have to be punished. What can be prevented by the state need not be prosecuted and punished by the state. The logic seems impeccable.

We have examples of another kind as well. Sociologists have sketched ironical scenarios of what life in the 'punitive city', dominated by rehabilitative and preventive community services, would be reduced to. They have identified, and warned of, 'net-widening effects' to such an extent that this word (which has no similarly elegant German equivalent) can today be heard from high-ranking public officials and in ministries of Justice. We also have plenty of observations and documentation of how the police, coming along in the shining coat of 'prevention', have acquired powers of covert observation, phone tapping, agent provocateur work and similar highly problematic measures, and at the same time powers of open intimidation, searching, cutting off certain areas, and banning individuals from certain places, up to preventive detention of 'known trouble-makers' in some of the German-speaking countries.

There seems to be something wrong with the idea of prevention after all. What is it ? Can we pin it down ? Can history help us understand ?

Starting from these questions, I shall introduce the topic in a somewhat general way by some reflections on the ambivalent character and the historical contradictions of the idea of 'prevention'. To do so I shall use - and thus need to discuss - the elements of thinking about history developed in Critical Theory, particularly by Horkheimer and Adorno : 'instrumental reason' and 'dialectic of enlightenment'. First I shall place 'prevention' in its historical context of the 19th and 20th centuries. I shall then briefly discuss Horkheimer/Adorno's concept of 'instrumental reason' and the 'dialectic of enlightenment' as their paradigm for interpreting recent history. From this, thirdly, I shall develop a differentiated typology of prevention.

1 - Glimpses from the History of Prevention

I shall draw on two items of historical evidence. The first is well known among students of criminal law as 'general prevention', introduced as legitimating the state's power to punish by Feuerbach in Germany. Although not totally new, the strong reliance on this principle in Feuerbach's thinking about punishment originally had liberal and limiting functions. He considered that there should be no punishment in excess of what is necessary to reach the aim of preventing other people from doing what the punished person had done. This principle can be seen as a determined attempt to put the state's power to punish under the control of a rational calculus. Previous legitimating notions should not be allowed : no more metaphysics of an 'offended order', no more 'majesty of the law' - all of which smacked of the religious justifications absolute monarchy mustered in order arbitrarily to maltreat and intimidate its non-enlightened subjects. Above all, there should be no recourse to action against the person and his or her property, all of which should be left alone by the state.

In the course of history, though, this has been turned around to mean that the state can, or even should, use every measure, in this case every punishment, that is helpful in adding to the aim of general prevention. If one means does not work, obviously more and sterner punishment is needed. In addition, it has been considered that there is no reason why two measures - recourse to the person in the case of special prevention, and the abstract aim of general prevention - should not be combined and considered cumulatively. Such cumulation of principles and thus legitimation by these alleged aims of punishment is what we have today. It has even been supplemented by adding yet another principle, that of 'moral teaching', if the more 'empirical' legitimation would not be sufficient. Compared to early liberal thinking, the licence of the state to inflict pain on its citizens has acquired surprisingly wide and varied legitimacy. What started as a formula to limit the power of the state has finished as a general and endlessly expandable legitimation of state intervention.

This example fits amazingly well the model of historical progress that Max Horkheimer and Theodor W. Adorno have analysed as 'dialectic of enlightenment' : critical rationality turned into oppressive rationality, the promise of liberation turned into technocratic domination.

My second example gives an even sharper edge to what I have tried to show so far. Research on Adorno and his experience of Schönberg's music have recently led me to take a very close look again at *fin-de-siècle* Vienna and its culture. What impressed me considerably is the racism and anti-Semitism prevalent at the same time at which the intellectual foundations of this century were laid in revolutionary break-throughs in psycho-analysis, philosophy, literature, architecture, painting and music in Vienna. This sinister background of the cultural achievements of the *fin de siècle* is largely played down in today's interpretations of that culture (as also in Adorno's). So I started reading those disgusting newspapers, pamphlets, books and journals. The well-known fact that we cannot understand the history of social formations, and particularly of capitalism and its culture, without studying the history of social exclusion and the forms it takes became very vivid to me. The glorious critical and ironical culture of *fin-de-siècle* Vienna had this dark side of racist, particularly anti-Semitic, and nationalist social exclusion, all of which was openly propagated politically and which helped the populist Christian-Socialist party under Lueger to remain in power, even in Vienna.

The interesting aspect is not so much the character of racism as irrational, as a type of persecution mania, but rather the self-reification and self-instrumentalisation that it implies. Racism is the abdication of the individual. In racist terms I am nothing but the bearer of my genes and even these are only relevant as statistical particles of a 'gene-pool'. Political measures oriented by this ideology go through the individuals, who do not themselves count. They are directed at (and against) great numbers of people in their abstract capacity as members of a 'race'. This type of political intervention is the prototype of instrumental rationality.

Into this climate of social exclusion fits another aspect - the institutionalisation of empirical criminology at the end of the century - Hans Gross founded his journal, the *Archiv für Kriminal-Anthropologie und Kriminalistik*, in 1899 and his Institute of Criminology at Graz University in 1912. This founding father of modern criminology published articles on transportation and castration as rational measures of prevention and he only argued against the death penalty for 'anarchists' because he thought they were mostly suicides anyway, so that denying them execution would actually prevent their attacks on crowned heads. This last example of unprejudiced thinking highlights the atheoretical and purely technocratic rationality for which the end result is all that counts. One of the constant sorrows for Hans Gross were those 'degenerates' who were apt to become a burden on the state. The danger he set out to prevent was not even any outright damage or threat, but just people becoming 'a burden to the state'. The crumbling 'ancien régime' mobilised enough fear and rage and authoritarian helplessness for quite extreme fantasies of social exclusion - and unfortunately they were openly voiced and had political counterpoints.

Criminology is but one - and not the most extreme - example of this 'science of social exclusion' that sprang up, together with the political outcry for its practical realisation. The journals with an explicitly racist programme, like the *Politisch-anthropologische Revue* or the *Archiv für Rassen- und Gesellschaftsbiologie*, both founded shortly after 1900, exhibit the same cold rationality. These were not publications on the 'lunatic fringe' like e.g. 'Ostara' from which Hitler was picking the fragments of his ideology. They were at least moderately respectable.

From these 'respectable', scientific documents - much more than from the openly agitating nationalist and racist pamphlets - we can form a strong impression of how the idea and the drive to prevent impending evil was created. Indeed, creating perfection by eliminating all who might contaminate or diminish was the dangerous illusion which, executed in a ruthless way, later led the way to Auschwitz. It is, therefore, no surprise, that, as has recently been shown again by Aly and Heim (1991), economic plans and hopes developed by technocratic intellectuals merged with the complex web whose centre was the destruction of Jews and the enslavement of Slavs, and thus the formation of the system of labour and extermination camps.

From the early bourgeois control fantasies in the form of authoritarian Utopias to the biological fantasies of improving the race by the new scientific endeavour of 'eugenics' we find the same technocratic pre-occupation with eliminating - preventing - all deviance, all weakness, all that is not 'healthy'. Once more we can see here a 'dialectic of enlightenment', an attempt to think rationally about society and its development, that leads not to liberation but to a perfection of domination, a development of the forces of production that implies a development of the means of both domination and social exclusion.

2 - The Progress of Social Exclusion

I have several times mentioned the 'dialectic of enlightenment' as an interpretative concept that could be applied to these developments of 'prevention'. Let me, therefore, briefly comment on this way of thinking about history. Horkheimer and Adorno have sketched it out in different forms in their 1944/1947 collection of 'philosophical fragments', as an important modification of the Hegelian and Marxian dialectic of historical (mainly capitalist) progress. Instead of a more or less progressive development of reason coming to self-consciousness in history (Hegel), or a development of the forces of production opening up the chance for liberation by an increasing contradiction to the relations of production, i.e., to domination by capital (Marx), they see a parallel and interlocking development of forces of production and means of domination. They posit that as the possibility of liberation grows, so does the willingness and capacity for repression - to the extremes of Nazism and Stalinism. Enlightenment, the attempt to liberate humanity by rational thinking, has itself been turned into an instrument of domination.

Let me briefly illustrate this by mentioning some of the crucial points and contradictions in the social history of industrial Europe. Capitalist industrialisation produced increased wealth in the 19th century - and at the same time an impoverished proletariat. It created bourgeois entrepreneurship and pauperised urban masses, the abstract freedom of a class of owners and its contradiction - a labouring class of people who had nothing to lose but their chains. We can, however, look at these developing countervailing forces in another way. The threat posed by masses of hopelessly poor people open to socialist ideas and organised in a militant labour movement was answered by important modifications to the form of capitalist domination. The most important of these modifications were first, a differentiation of the labour force into several classes : unskilled labour, the 'labour aristocracy' of skilled workers, the more privileged employees such as administrators and other control agents, up to managers. Besides these, the importance of the owner disappeared from sight. Secondly, there was obligatory, state-organised and state-guaranteed insurance against the most common risks of the proletarian way of life and work, such as accidents, illness, and unemployment, adding up to what we today know as the 'welfare state'. Thirdly, the most radical re-organisation of the capitalist mode of production, was the invention of mass production and, concomitantly, mass consumption - the development of a consumer society that has more aptly been studied and described under the name of 'Fordism'. This new form of capitalism has no need any more actively and openly to reduce the standard of living of workers in order to raise profits. Instead it makes workers part of the broadened and accelerated circulation of commodities, uses the labour force as a force of consumption, and controls the workers through the soft means of a culture and consciousness industry.

Horkheimer/Adorno developed this model long before the Nazi seizure of power in Germany. But of course the Nazi regime and its atrocities gave credibility to and reinforced their gloomy view of human progress. The willingness and ability of that regime to move millions of people from their homes and concentrate them in others, to breed selectively one 'race' and enslave and exterminate others in order to provide 'space for living' (*Lebensraum*) for this 'master race' (*Herrenrasse*) can be seen as the efficient application of 'instrumental rationality'.

'Instrumental reason' is thinking as domination, thinking as the result and with the intention of subduing 'nature', including human nature. Domination over outside nature has the corollary and pre-supposition of treating human beings - including one's own self - in abstract terms of usefulness and exchange, seeing them abstractly as functional elements for society. There are many of these functions. People can be (mal)treated as a work-force, as consumers, as breeders of future workers and consumers, as soldiers, as 'casualties', as expendable or needed, as a burden to the community, as a threat (to the purity of the race or to the labour market position of others), as a foreigner with no right to be here, even down to parasites, vermin or as a cancer of the social organism. Labelling theory, by the way, has described the same process of 'reification' in its own (limited) way. And the existentialist philosophy of Jean-Paul Sartre can be read as an attempt to come to grips with this stark fact of reification and the contradiction between the individual self as experienced by itself versus the categorised and typographied person as seen by others - plus the self-defining activities of the Ego.

'Western Marxism', of which Horkheimer/Adorno's 'Dialectic of Enlightenment' is an important and consequential formulation, has, in contrast to the technocratically over-optimistic and power-crazy Soviet version, always been aware of this dark side of progress. Against this, the 'individual' has been kept in focus and as part of the perspective of history, even if the hope for a realisation of that bourgeois promise was seen to decrease and vanish. Enlightenment had set out with the promise of equal worth and dignity of every single individual, but has ended by treating these individuals as statistical units only (and thus individually expendable and negligible).

There is no need to share the diagnosis of quietism and self-discouragement that many readers give to the 'Dialectic of Enlightenment'. Adorno at least has always claimed the classical way of liberation : by work, i.e., interaction with nature, patient, concentrated, well-informed and wide-awake handling and exploring and changing a material, which includes criticising the form already stamped on it by social norms and which also includes developing one's own capacities and sensibilities in the process. He deviated from the classical assumption that the subject of liberation is the proletariat, because he did not see them having the chance of experience and growth in work. Thus he did not see that the conditions for the possibility of a subject-object-relation that could emphatically be termed 'work' were often given in our type of 'Fordist' social formation. He did see them as attainable, though, in two rare instances : in artistic and in theoretical work, for the artist and the social theorist. His 'subject of liberation', therefore, was the individual and the condition for liberating work was autonomy. Both of these are bourgeois achievements which are at the same time denied by bourgeois domination. But we can still look out for the instances and developments that may make them possible, as contradictory exceptions at least (and perhaps even on a larger scale).

3 - The Idea of Prevention and Instrumental Rationality

From this perspective 'prevention' looks quite hopeless. In 'prevention' we obtain exactly the same abstraction and reification that characterise instrumental reason. Interventions oriented at prevention do not look at the present situation and its demands, nor at the person at whom (or against whom) the intervention is currently directed. Instead the orientation is towards some future state of affairs, towards other people than those present, towards future generations even. Prevention also is an effort to dominate the future by planning it - with the consequence that an uncertain future and the hopes and fears we have for it dominate the present. What is done to an individual in the name of 'prevention' now reduces this person to a mere function and instrument for some future state. Punishment for the sake of general prevention, to mention a powerful example, is the instrumental use of a person, but it is even more than this : it is the deliberate and purely instrumental infliction of pain to a person for purposes wider than the person and certainly against his or her will.

But it may be useful to distinguish two types of prevention : 'prevention of people' and 'prevention of situations'. If I should, for example, want there to be less shoplifting, there is quite a difference between a tactic by which I appeal to customers' moral restraint and threaten them with what I will do if I can catch them, and another tactic by which I simply have more employees, a less tempting display of goods and electronic alarm tags on the merchandise. If I should wish to prevent speeding on the road I could simply have slow cars only or, alternatively, I can let people buy vehicles that can do 200 km/h and threaten to take away the driving licence of anyone who actually drives that fast. Confronted with poor people who want to share our way of living, we can try to help reduce the poverty from which they flee or we can build barriers, fortresses and ghettos to keep those 'masses' from moving here and give us the opportunity to pick out those we want because of their 'useful' personal properties. We can think of lots of similar examples.

The last example mentioned shows that this one criterion is not sufficient. We can add a second one : does the intervention create and increase resources for autonomy or does it reduce them, take them away ? Locking people out, for example, could be seen as an intervention related only to the situation. I would doubt such a definition, but if we accept it for the sake of argument, it is still certainly not a liberationist intervention, because it reduces possibilities and resources for all concerned (for those behind the fortress walls as well). I can reduce muggings and other 'street crime' by making people stay at home - but at what cost in terms of a reduction of social life ?

'Autonomy', therefore, is not just a retreat into private life. It means augmenting resources for managing our own affairs. Retreat into my own private cell and to my own private TV set is not autonomy. 'Autonomy' is also not privatisation in the sense that state activities are taken over or imitated by private action. Thus, there is no useful progress in developing private search-warrants, private body-guards or private prisons. There is no helpful progress in state-organised or state-supporting vigilantism. In contrast, there is probably nothing wrong with people looking after each others' flats during someone's absence.

Reducing state punishment obviously diminishes the extent to which people are treated instrumentally. But there can certainly be instrumentality outside the function of punishment proper. Most measures of diversion are still attempts to change, educate, resocialise, or morally fortify the person. But here again we can identify what makes the difference. There could be diversion that concentrates on the situation instead of the person. This applies particularly to 'conflict resolution' or 'perpetrator-victim reconciliation' schemes that have become widespread recently (and could be a chance to radically change the criminal law). They are just another instrumental intervention if they aim at reforming the person (or even the persons - plural) concerned - as they often do if the conflict is, for example, taken as the opportunity for a social work intervention. They can, on the other hand, have a liberatory function if they concentrate on the problem at hand, if they limit themselves to creating an opportunity for the people concerned to re-arrange the situation that has developed, to compensate damage done and re-affirm offended honour, to disentangle the social knot in order to go on living (together or consensually separated) without an unresolved traumatic past - in short : if they concentrate on the situation and its management instead of on the person. Here, as in other cases, everything depends on the details. The line between technocratic perfection of control and creating the conditions for autonomy is very thin.

4 - Theoretical Purity and the Real World

Sociologists, of course, have long been aware of the absurdities of prevention and the hazards of diversion. The more cautious among us have drawn the conclusion that it is not for us to invent programmes to solve the state's problems. We have to stay strictly negative, they say. Our task is criticism and the struggle against projects of control or with control implications. The historical movements of 'political abolitionism' wanted to get rid of slavery, the death penalty, then life imprisonment. They should logically go on to argue for the abolition of the prison, then of the state's power to punish at all. We will probably find that no substitute for these institutions is necessary.

But for what we could call 'empirical abolitionism', no such rigorous self-denial in sticking to a 'negative abolitionism' is necessary. There is no need (and little theoretical justification) for a hyper-criticality that suspects devilish plots in all reforms. It is much more useful to have criteria to distinguish more from less harmful from even useful reforms. To supply these criteria is the task of 'theoretical abolitionism', the empirical and historical critique of punishment and social exclusion. I have, in this little exercise in social theory, tried to find and supply some such criteria : non-instrumentality, individuality, autonomy and its resources, and the situation versus the person as the object of intervention. But we shall have to live with the discrepancy between political tactics and theoretical radicalism.

As political realists we have to demand the impossible. As political pragmatists we should not automatically denigrate reforms that take place - as long as their general direction is not totally wrong, in which case we would have to fight them. We just should not let that pragmatism corrupt the radical nature of our theoretical thinking.

LA SITUATION ALLEMANDE : UN CAS UNIQUE ET EN RETARD

Fritz Sack

An open discussion as well as practical measures of a new strategy of prevention has only recently begun in Germany. This is partly due on the decentralised structure of the German police which allocates the preventive function with the sixteen Länder. A second reason has to do with the nazi period when the police forces became easily integrated into the totalitorial system of repression and suppression. This has engendered an elsewhere unknown formal, normative and legalistic conception of the rule of law. A third reason is related to the political and police-induced preoccupation with and bias towards with serious crimes (left terrorism, more recently organised crime). This has led to a neglect of law policing. Strongly reinforced by a dramatic rise of crime and fear of crime in the new Länder since German reunification, there has been in the recent and accelerated discussion and development in the field of prevention (first council of crime prevention in the Land of Schleswig-Holstein, 1990). Finally, it is argued that the preventive proliferation cannot be wholly explained by reference to the development in the crime area ; one has to get hold of the wider social, political and economical factors that lay behind this structural change of the politics of crime control and public safety.

En Allemagne, ce n'est que récemment qu'une nouvelle stratégie de prévention a donné lieu à un large débat ainsi qu'à des mesures pratiques. Cela tient pour une part à la structure décentralisée de la police allemande, en vertu de laquelle la prévention est du ressort des seize Länder. La seconde raison c'est que la facilité avec laquelle, durant la période nazie, la police a été associée à l'action répressive et annihilatrice du système totalitaire ce qui a engendré une conception de l'application du droit normative et légaliste à un degré inconnu ailleurs. La troisième raison réside dans l'importance politique disproportionnée, et cela en partie sous l'influence de la police, qu'on a accordée à la grande criminalité (terrorisme d'extrême-gauche et plus récemment criminalité organisée) et qui a conduit à négliger la routine du maintien de l'ordre. Depuis la réunification, toutefois, la montée spectaculaire de la délinquance et de la peur de la délinquance dans les nouveaux Länder a stimulé ces dernières années le débat et les décisions pratiques en matière de prévention sur le terrain ; un premier conseil pour la prévention de la délinquance apparaît en 1990 au Schleswig-Holstein. Enfin, on fait valoir que la prolifération des actions de prévention ne peut s'expliquer par la seule évolution de la criminalité, et qu'il faut également prendre en compte plus largement les facteurs sociaux, politiques et économiques qui sous-tendent un tel changement structurel dans les politiques de lutte contre la criminalité et de sécurité publique.

Il me semble avant tout nécessaire de faire deux remarques relatives à la portée politico-géographique et à l'organisation systématique de mes observations[1].

[1] La rédaction de cet article sur la situation allemande dans le domaine de la prévention s'est faite en plusieurs étapes qui s'étendent sur une période de presque quatre ans. Le rapport que j'ai remis lors du séminaire sur la prévention en 1992 m'a servi de base pour rédiger la présente version, et a été considérablement actualisé, selon l'évolution du discours préventif qui s'est

Le sujet dont il est question porte sur l'évolution dans les pays démocratiques de l'Ouest, durant les années soixante-dix. J'évoquerai d'abord l'évolution dans les anciens Etats de la République fédérale. Je considèrerai cependant l'impact sur le discours préventif de la situation de la sécurité intérieure dans les cinq nouveaux Etats allemands qui ont été créés après la réunification allemande en octobre 1990. Cela s'impose d'autant plus que le développement du crime dans les nouveaux Länder a pris une direction délicate et menaçante, ce qui en a certainement accéléré le développement[2]. Sans être en état de le préciser en détail, il me semble que la réunification allemande a entraîné des problèmes spécifiques et supplémentaires au niveau du contrôle du crime, qui vont bien au delà de ceux qui figurent dans le débat habituel et qui mériteraient une analyse plus approfondie qu'elle ne l'est actuellement.

En ce qui concerne la présentation de mes observations et analyses, je vais essayer de suivre dans les grandes lignes les points proposés par le schéma initial de ce séminaire. Quelques révisions cependant se sont avérées utiles et pertinentes en raison soit d'un manque d'informations et d'études pour parvenir à une économie plus transparente. Bien que ce procédé ait engendré quelques répétitions et chevauchements, il pourrait faciliter une orientation comparative et transversale. Une telle présentation contribue, j'espère, au développement et à la mise

---

tenu depuis en Allemagne. Néanmoins, le titre général donné à ma contribution orale de 1992 n'a pas été modifié.

[2] Deux observations supplémentaires : 1) En ce qui concerne la prévention elle-même, le système socialiste, on le sait, ne différenciait pas le contrôle pénal selon les critères de l'Etat de droit puisqu'il est partie intégrante du système des pays de l'ouest. 2) La situation de la sécurité intérieure dans les Etats allemands de l'Est est caractérisée à la fois par une augmentation explosive du crime et un affaiblissement des forces étatiques de sécurité. Le dilemme qui en résulte se traduit par des actions violentes et agressives que la police n'a pas pu empêcher, contre des réfugiés et des étrangers, ainsi qu'une tendance à passer des contrats avec des entreprises privées de sécurité (Beitien, 1991). Quelques détails sur ce développement seront donnés *infra*.

sur pied d'un cadre systématique ou théorique vers lequel la recherche à venir dans ce domaine pourrait s'orienter.

I - L'Allemagne - cas exceptionnel et retardé

Je commencerai par quelques observations générales et sommaires sur l'hypothèse globale de la situation allemande.

1) L'impression qui émerge en étudiant le discours et les efforts allemands peut être décrite comme une absence et un manque quasi total de participation allemande aux discussions et aux activités politiques et scientifiques dans le domaine de la prévention. Pour ne donner que quelques exemples de cette constatation :

a. Nous soulignons qu'il n'y a pas eu de participation allemande responsable et significative aux deux premières conférences internationales sur la sécurité intérieure, en 1989 à Montréal et en 1991 à Paris[3]. De plus, une comparaison détaillée entre les rapports des différents pays pour la conférence à Paris qui était organisée par Ph. Robert (1991) montre clairement que le discours préventif de l'Allemagne (Albrecht, 1991) est encadré par une conception préventive plus ou moins traditionnelle qui se tient tout à fait à l'écart des autres rapports nationaux, de ceux de l'Amérique du Nord aussi bien que ceux des pays occidentaux de l'Europe.

b. A peine trouve-t-on en Allemagne un discours et des efforts significatifs concernant les institutions et les conceptions centrales de la prévention nouvelle, comme on le rencontre dans

---

[3] Il s'agissait de la *Première Conférence Européenne et Nord-Américaine sur la sécurité urbaine et la prévention de la délinquance* qui s'est tenue à Montréal, en octobre 1989, et de la *2ème Conférence Internationale sur la sécurité, les drogues et la prévention de la délinquance en milieu urbain* qui a eu lieu à Paris, en novembre 1991. Alors qu'un nombre considérable d'associations et d'institutions des différents pays figure sur la liste des organisateurs ou coopérateurs de ces conférences, on ne trouve que le ministère de la Justice allemande - parmi d'autres ministères européens - qui ait soutenu ces activités.

d'autres pays sur la police communautaire, l'observation du voisinage et sur d'autres éléments essentiels de cette nouvelle orientation. H. Koetzsche, qui fut haut fonctionnaire de police et à ce jour membre du premier Conseil de Prévention du Crime allemand au niveau d'un Land (Schleswig-Holstein), a constaté en 1992 : *Seit Jahren bewegt sich bei uns auf dem Gebiet der Verhütung wenig und das wenige sehr langsam* (1992, 121). Deux ans plus tard, le même auteur, en présentant une sorte de bilan comparatif, n'a pu que faire le constat d'une situation très peu avancée (1994). E. Kube, scientifique et haut fonctionnaire de la BKA (*Bundeskriminalamt*), également spécialiste de la prévention, a fait allusion, il y a quelques années, à une grande divergence par rapport à la prévention au niveau communautaire entre la situation internationale et celle de l'Allemagne, en disant dans une préface d'une petite brochure de la BKA que *Diese Entwicklung ist in der Bundesrepublik Deutschland insgesamt gesehen noch nicht erkennbar* (Vahlenkamp, 1989). En témoigne aussi un rapport du criminologue canadien I. Waller (1989) pour le ministère de la Justice canadien, comprenant les activités du Conseil de l'Europe, de la France, de la Grande-Bretagne et des Pays-Bas et excluant avec de bonnes raisons la situation allemande.

2) On trouve depuis ces dernières années uniquement, des tentatives et des efforts de la part de plusieurs acteurs dans ce domaine pour se rapprocher de la discussion internationale sur la nouvelle prévention. Au sein de la police notamment, il y a des initiatives pour s'orienter et se familiariser avec le développement à l'étranger[4]. Une action-clé de ce dévelop-

---

[4] Ainsi, pour donner un exemple, la police de l'Etat et de la ville de Hambourg maintient des relations régulières avec la police canadienne qui, joue un rôle important dans ce domaine. Le but de ces relations est de rendre la prévention plus prioritaire, et équivalente aux autres tâches policières, la faire devenir une "mission du chef" (*Chefsache*, W. Sielaff, 1992). Le premier conseil de prévention au Schleswig-Holstein fait beaucoup d'efforts pour se mettre au courant du développement préventif dans les autres pays

pement était sans doute la mise sur pied du premier *Conseil de Prévention* d'un Etat allemand, en octobre 1990 que j'ai mentionné *supra*.

3) La non-participation allemande à la discussion internationale sur la prévention moderne ne veut pas dire, cependant, qu'il n'y ait eu aucune discussion des problèmes préventifs en Allemagne à l'époque où s'est constituée ailleurs la nouvelle conception de la prévention. Elle ne signifie pas, non plus, l'absence de projets ou de mesures pratiques pour introduire des dispositifs préventifs au sens étroit du terme. Au contraire, il existait, une discussion véhémente et intense. Cette discussion peut être caractérisée par trois éléments distincts bien qu'il existe des rapports entre eux.

a. Le point principal qui se détache du débat de la réorganisation, transformation et reconceptualisation des forces étatiques intérieures, y compris la prévention, s'est avéré être la lutte contre le terrorisme. Il a provoqué des changements considérables du code pénal substantiel et du code de procédure pénale aussi bien que des interventions policières qui étaient forcément mises en doute quant à leur légalité et constitutionnalité (Berlit, Dreier, 1984).

b. Parallèlement et presque simultanément, l'ancien président de la BKA, H. Herold, a déclenché une discussion et un débat véhéments sur sa vision d'une police toute puissante qui - à son avis - serait plus apte à prévoir des risques sociaux et politiques afin de les prévenir. Ce qui mérite d'être souligné ici et qui met le cas allemand tout à fait à l'écart, c'est l'impact politique que la simultanéité de la lutte contre le terrorisme et du discours préventif ont exercé sur le thème de la prévention. Il en est résulté une tendance du côté de la politique à mettre l'accent de prévention sur la grande criminalité, et du côté de l'opinion publique de s'opposer fortement et impétueusement à chaque

---

européens, notamment la Scandinavie qui, dispose d'institutions préventives depuis les années 1970.

tentative, soit législative soit exécutive, d'augmenter les pouvoirs des institutions pénales au nom de la prévention[5].

c. Un troisième courant, moins important, dans cette discussion, apparu plus tard que les deux précédents, concernait les activités théoriques et pratiques d'un ministre-professeur de criminologie, H.-D. Schwind, qui, en tant que ministre de la Justice du Land de Basse Saxe durant la décennie 1970-1980 a déployé de grands efforts pour établir la prévention[6]. Sa conception, cependant, ne correspond pas à celle de la nouvelle prévention proprement dit, mais unifie des éléments traditionnels et d'autres innovateurs.

En somme, l'établissement d'une nouvelle conception du contrôle étatique par une prévention renouvelée est bien en retard par rapport à d'autres pays de l'Ouest. D'autre part, le discours préventif est plus tourné vers la grande criminalité que vers la criminalité de masse ou les "incivilités".

En revanche, on trouve en Allemagne une sensibilité plus grande envers les risques et les dangers qui peuvent résulter d'un renforcement de la police au détriment d'autres institutions

---

[5] La discussion allemande sur une réorientation préventive de la politique criminelle a été en fait dominée dans les années 1970 et 1980, comme le note aussi K.L.Kunz (1987), par une mise en garde contre les risques auxquels les structures d'un Etat de droit se trouveraient exposées par un tel développement. En témoignent toute une série de publications aussi bien scientifiques que politiques (Hirsch, 1980 ; Kreissl, 1981 ; Busch, Werkentin, 1984 ; Werkentin, 1985 ; Lehne, 1987 ; Busch, Funk, Narr, Werkentin, 1990 ; Gössner, 1995).

[6] Schwind, actuellement professeur de criminologie à l'Université de Bochum, scientifique médiocre et peu sérieux, a influencé le champ de la criminologie et de la politique criminelle allemand de façon assez remarquable. Il était non seulement le fondateur de l'institut de criminologie allemand de deuxième rang - *Kriminologisches Forschungsinstitut Niedersachsen* (KFN), Hannover (Directeur : Prof. Ch. Pfeiffer) - mais il a également essayé de renforcer le contrôle et la répression du crime en suscitant la prévention (1980) et en étant l'initiateur et le promoteur d'une commission gouvernementale sur la lutte contre la violence (1990).

étatiques. Cette hésitation allemande n'est pas uniquement due aux facteurs mentionnés *supra*, mais aussi à deux éléments spécifiques qui concernent l'institution de la police et le sens allemand de l'Etat de droit. La police est toujours une institution assez fermée et séparée de la société, très allergique à la moindre critique de l'extérieur ; d'autre part, pour des raisons historiques, la conception de l'Etat de droit souffre d'un dogmatisme littéral et n'est pas encore ancrée dans un esprit ferme. Cela se manifeste aussi au niveau théorique de la prévention dont je m'occuperai ensuite.

II - La nouvelle prévention : du vin connu dans de nouvelles bouteilles ?

Le but de cet ouvrage est d'analyser un champ d'activités de l'Etat et de la société qui n'existait pas avant ou qui s'est développé. Cette supposition, on le sait, est contestable et mise en cause. On trouve des auteurs qui considèrent la prévention comme une tâche traditionnelle et bien établie au sein du système du contrôle pénal. C'est même par rapport à la police communautaire qu'on souligne le caractère historique bien qu'oublié en insistant sur le modèle (anglo-saxon) d'une police étroitement insérée dans la société qu'il ne faudrait qu'animer de son ancien souffle[7].

En revanche, d'autres rejettent le parallélisme historique et mettent l'accent sur les structures modernes de la société.

---

[7] On trouve cette référence historique presque partout dans la littérature américaine et auprès des promoteurs et représentants de cette position (voy. Skolnick, Bayley, 1988 ; Bayley, 1990 ; Normandeau, Leighton, 1990 ; Solliciteur Général de Canada, 1990). Cette orientation se manifeste nettement dans le titre d'un article de Williams (1990) : *New Trends in Policing : Back to the Future*. C'est tout particulièrement une caractéristique britannique du XIXème siècle auquel on se réfère comme témoigne pour la police communautaire Sir Robert Peel et sa conception de la police de Londres de 1829. On va même jusqu'à citer sa fameuse devise sur la police : *La police est la société et la société est la police.*

Ceux-ci s'opposent à la possibilité d'un retour au temps passé et révolu et ils insistent sur les distinctions fondamentales entre les structures policières d'autrefois et celles dont il est question dans le discours actuel de la prévention. Il me semble impératif et nécessaire de se rendre compte de la dimension conceptuelle de la prévention.

1 - La conception traditionnelle ou classique de la prévention

Une définition précise et incontestable de prévention se heurte à une équivoque linguistique. Pour autant que je sache, en français on fait une distinction claire entre deux notions qui, en allemand, sont utilisées comme synonymes : *dissuasion* signifie en français les effets envisagés ou empiriques du fonctionnement du système pénal, tandis que le terme *prévention* est plus ou moins réservé à des mesures préventives extérieures au droit pénal. Qui plus est, les deux mots se distinguent par leur connotation de valeur. *Dissuasion* est une notion péjorative, tandis que la notion de *prévention* a un sens plus positif.

En allemand, la notion de *prévention* est utilisée dans un sens à la fois plus étroit et plus vaste : avant tout, elle est le mot-clé pour les effets originaires du droit pénal : la dissuasion générale et spéciale sont nommées *Generalprävention* et *Spezialprävention.* Cependant, le mot *Prävention* sans préfixe est également employé pour la désignation des effets préventifs qui ne résultent pas du système pénal, bien qu'il y ait des auteurs qui préfèrent d'autres notions pour les effets préventifs qui tiennent aux mesures non-pénales : *Kriminalitätsvorbeugung, Kriminalitätsprophylaxie*.

Cette observation entraîne plusieurs conséquences pour l'analyse. i) Le discours juridique allemand parle de prévention non seulement dans un sens répressif et dissuasif, à savoir négatif, mais aussi - autant que je sache, contrairement à ce qui se pratique ailleurs - dans un sens positif. Les pénalistes allemands ont introduit dans le débat sur l'échec et sur la crise du droit pénal une distinction conceptuelle entre un aspect négatif et un aspect positif de la dissuasion générale (*negative* et *positive*

Generalprävention). Il est supposé que le droit pénal fonctionne non seulement par la voie des peines infligées, mais aussi d'une manière, pour ainsi dire, éducative. ii) Une telle conception de la prévention suscite une réserve et une hésitation de la part des non-juristes à se soumettre dans leur travail au régime rhétorique et institutionnel des juristes. Ainsi un grand nombre de travailleurs sociaux évite de désigner leur travail par une référence à la diminution ou la prévention du crime. iii) Une troisième conséquence concerne la police. Celle-ci s'érige en force compétente pour mettre en œuvre une prévention efficace, d'autre part, elle s'oppose au sens juridique de la prévention pénale.

Pour mieux distinguer l'ancien et le nouveau mode de prévention, il me semble raisonnable de nous renvoyer à une perspective historique. Le modèle pénal classique, tel qu'il fut élaboré et construit par des auteurs très connus - Beccaria, Bentham, Feuerbach - a mis un grand accent sur la prévention. En fait, les auteurs fondateurs du droit pénal moderne ont proclamé la prévention comme but principal du dispositif pénal.

Il faut cependant bien comprendre la prévention au sens classique. A la base du droit pénal se trouve l'idée que la seule énonciation des coûts du crime à travers une loi claire, explicite et non équivoque pourrait produire l'effet préventif envisagé. En d'autres termes, le prototype idéal de la prévention classique repose sur un dispositif mental et latent. Feuerbach a ainsi fondé sa conception du droit pénal sur une *théorie de la contrainte psychique*. La prévention est accomplie d'une manière indirecte et passive. Le fonctionnement propre des institutions pénales, le mécanisme répressif du droit pénal, est conçu comme contribution aux tâches préventives. La répression sera ainsi considérée comme moyen d'effectuer la prévention.

Un deuxième principe essentiel du modèle classique consiste dans son caractère rétroactif, l'intervention pénale présuppose une action passée ou un fait accompli. Toute intervention pénale (investigation, arrestation, confiscation, perquisition, interrogatoire, etc...) n'est permise par la loi que lorsque des indices rendent un individu suspect d'avoir commis un acte criminel. Ce principe du soupçon individualisé limite évidemment les moyens licites du contrôle pénal d'une manière considérable. Par d'ailleurs, ce principe s'applique aussi au deuxième champ d'action du contrôle étatique : le maintien de l'ordre, *Gefahrenabwehr*. Là aussi, un danger ou risque concret, visible et particulier doit exister pour que les institutions étatiques puissent intervenir. Et ici encore, l'intervention de contrôle sur un individu au titre du maintien de l'ordre présuppose des soupçons concrets à son encontre.

Tout cela mène à une dernière observation relative au modèle classique à l'égard de la fonction de la police. Il faut se rendre compte que la police a précédé historiquement le droit comme institution sociale et pouvoir. On pourrait même dire que la conception moderne du droit pénal avait politiquement pour but la limitation et le contrôle du pouvoir de la police absolutiste. C'est un des sens le plus important de ce qu'on appelle l'Etat de droit. Cette domestication de la police s'est effectuée par la réduction des compétences et des missions policières et par la subordination graduelle et progressive de la police aux institutions juridiques.

La limitation et la restriction de cette institution étatique qui peut utiliser la force physique plus directement et plus facilement a pour but l'établissement et le renforcement d'autres champs d'action pour l'Etat, qui se sont notoirement développés dans les sociétés modernes. Le principe fondamental du droit pénal, l'*ultima ratio*, ou de dernier recours ne concerne pas seulement l'organisation propre du droit pénal comme tel mais avant tout les rapports entre les différents champs des auteurs politiques et étatiques.

Cette réciprocité *dialectique* entre le mode d'action étatique de la force et le mode d'action étatique gestionnaire et sans force dérive d'une philosophie de la société moderne qui se manifeste dans la conception de l'homme rationnel : son prototype est le fameux *homo economicus*. L'homme fait ses choix d'après le calcul des bénéfices et des coûts qu'il attend d'une certaine activité. Cette opération calculatrice de l'homme rationnel s'étend au droit pénal ainsi qu'aux options d'action non criminelles. Le rapport entre le droit pénal et les autres modes d'actions étatiques est tel, que le droit pénal manipule les coûts du crime, tandis que les politiques non pénales manipulent les coûts des options non-criminelles. S'opposer à une politique de prévention qui provient d'une orientation pénale et qui prend comme point de départ les institutions pénales, y compris la police, équivaut à se prononcer pour une politique qui travaille sur les modes d'action non-criminels. En d'autres mots, une politique criminelle répressive ou non-répressive découle du même principe de l'homme rationnel. L'une peut substituer l'autre[8].

Chez des auteurs qui favorisent la prévention nouvelle et qui agissent particulièrement comme théoriciens et idéologues de la police communautaire, ce rapport entre le droit pénal et les autres modes de politique est normalement oublié ou mis à l'écart. L'auteur le plus connu et le plus important pour le discours récent et actuel de la politique criminelle auquel s'applique ce jugement est sans doute l'américain J.Q. Wilson (1983 ; Wilson, Kelling, 1982, 1989)[9].

Si on applique ce modèle classique de la prévention au discours préventif allemand, on trouve que la discussion et les propositions existantes par rapport aux mesures préventives suivent plus ou moins une orientation traditionnelle. Cette perspective se manifeste plus visiblement au niveau théorique du discours. Ainsi, E. Kube, l'auteur qui a probablement le plus publié dans ce domaine (1987 ; Kube, Koch, 1993), utilise un schéma de prévention qui apparaît un peu démodé par rapport à

---

[8] Cette réciprocité des deux types de la politique criminelle se trouve expliquée d'une manière plus détaillée chez Donnelly (1989) ainsi que chez Sack (1995a).

[9] Wilson a non seulement par la première édition de son livre déclenché une opposition forte et un renversement décisif de l'orientation politique vis-à-vis des recommandations de la *President's Commission on Law Enforcement and Administration of Justice* des années 1960-1970, mais il a aussi introduit l'approche néo-économiste dans le champ théorique de la criminologie par le *best seller Crime and Human Nature* (Wilson, Herrnstein, 1985).

celui de la littérature scientifique internationale. Pour systématiser les niveaux et les activités de prévention il fait la distinction entre la prévention primaire, secondaire et tertiaire (1987, ch. I,1) qu'on ne trouve guère dans la discussion internationale. Celle-ci, on le sait, est dominée par un système binaire qui fait la distinction entre des interventions situationnelles et des interventions personnelles ou sociales.

De cette orientation résulte une politique de prévention qui restreint les activités et les compétences de la police dans ce champ politique et qui appelle l'intervention préventive des autres acteurs politiques et étatiques. La compétence des institutions pénales est concentrée sur la prévention tertiaire et secondaire, la responsabilité de la prévention est attribuée à d'autres acteurs politiques et étatiques. Dans ce sens, on considère, la *diversion* - qui en Allemagne est toujours une composante assez forte et importante (Sack, 1994) -, comme une contribution décisive à la prévention primaire (Kube, 1987, 106, *passim*). De la même manière, l'ensemble des mesures ciblées sur des catégories particulières de criminels ou de victimes est entendu comme faisant partie de la prévention secondaire. Dans le domaine secondaire de la prévention il existe une compétence double ou partagée des acteurs pénaux et non-pénaux. En revanche, sur le domaine de la prévention primaire les compétences des institutions pénales sont limitées à la publicité et l'information du public.

2 - La conception nouvelle de la prévention

Passons maintenant aux éléments de la prévention nouvelle. L'explication détaillée de la conception traditionnelle, de la prévention peut nous aider à identifier les composantes centrales de la prévention moderne. Pour y parvenir, nous observons d'abord que l'on trouve dans la littérature scientifique ou politique une discussion théorique peu développée, exceptées quelques allusions générales, historiques et plus métaphoriques que desciptives[10]. En général, on se contente de faire la distinction, entre la prévention situationelle et la prévention sociale[11] ou personnelle et de présenter des exemples empiriques sur une base plus ou moins énumérative et descriptive[12].

Il existe pourtant une conception plus élaborée de la police communautaire. Comme j'ai essayé de le montrer, la fonction et l'insertion de la police au sein du système pénal est un élément central de la prévention traditionnelle. Etant donné que la police communautaire joue également un rôle central par rapport à la nouvelle prévention, je propose de la prendre comme point de départ pour la discussion afin de mieux scruter les éléments différentiels des deux modes de prévention. Je me trouve, par d'ailleurs, pleinement d'accord avec Bayley, un des experts les plus connus dans le domaine de la police, qui discute

---

10 Bien que je renonce à m'occuper du rapport scientifique et logique entre prévention et prédiction, il importe de mentionner qu'il existe une tradition criminologique assez forte au sein des approches individualistes qui a développé des méthodes et des théories de prédiction et de prévention. Ces tentatives sont fortement reliées avec le couple américain de E. et Sh. Glueck qui ont construit toute une série de tableaux de prédiction.

11 Un exemple très significatif de cette tendance est présenté dans un article de Bottoms (1990) dont le titre est *Crime Prevention Facing the 1990s* et qui renonce tout à fait à une discussion explicite sur le cadre théorique de son raisonnement en se limitant à la distinction entre la prévention situationnelle et sociale et en ajoutant une *developmental prevention* mal décrite et mal expliquée.

12 Il y a une abondance d'exemples concernant notamment la prévention situationnelle dans la littérature criminologique, de l'ancien livre de Jeffery (1977) à l'œuvre de Clarke, l'expert probablement le plus connu en matière de prévention situationnelle (1983 ; 1992 ; Clarke, Cornish, 1986). Clarke est un des rares auteurs dans ce domaine qui a produit, en se prononçant pour l'approche du choix rationnel, une option théorique explicite. Pour s'informer sur toute la gamme je voudrais bien renvoyer le lecteur à deux numéros spéciaux de la *Revue canadienne de criminologie* (1990, 1991), à Curtis (1987), Lab (1988) et à un bilan européen qui comprend des rapports de vingt-sept pays (Katona 1994).

du système de *community policing* sur le sujet de la prévention en constatant : *Community policing represents the most serious and sustained attempt to reformulate the purpose and practices of policing since the development of the 'professional' model in the early twentieth century* (1994, p. 104)[13].

L'espace me manque pour décrire, et plus encore pour évaluer la littérature abondante sur ce nouveau paradigme de la police. Je ne peux que renvoyer le lecteur à quelques sources utiles pour s'informer d'une manière plus détaillée sur les principes aussi bien que sur les pratiques de la police communautaire, y compris des études d'évaluation[14]. Au delà des références données *supra*[15], je voudrais attirer l'attention du lecteur sur les travaux de Greene, Mastrofski (1988), Rosenbaum (1988, 1991, 1994) et de Trojanowicz[16], Bucqueroux (1990, 1991) pour la discussion aux Etats-Unis, sur ceux de Brodeur (1989, 1991) pour une discussion globale et pertinente de la situation au Canada et sur l'article de Leighton

---

[13] C'est en raison de ces risques politiques d'une nouvelle prévention que la police a attiré une attention jamais vue dans le passé dans la criminologie aussi bien que dans la politique et le public, sauf d'ailleurs en Allemagne. D'une myriade de publications je ne choisis que quelques exemples récents, celui de Tonry, Morris (1992), une collection plus critique de Kappeler (1995) et le livre très sensé de Bayley (1994) sur la police de l'avenir. Pour une orientation à la fois théorique et historique voy. Robinson, Scaglion (1987). Des contributions pertinentes en langue française qui malheureusement sont quelque peu sous-représentées dans mon texte, se trouvent dans une collection belge (*The Millenium Conferences*, 1995).

[14] Le problème de l'évaluation satisfaisante des programmes et des projets de prévention est considéré par plusieurs auteurs comme l'exigence prioritaire de ce domaine (Rosenbaum, 1994 ; Eck, Rosenbaum, 1994 ; Bayley, 1994, ch. 5). Voy. aussi Lab (1988).

[15] Voy. note 7. Une collection à la fois informative et consciente des limites du dispositif communautaire est publiée par Reiss, jr., Tonry (1986).

[16] Trojanowicz est le directeur du *National Center for Community Policing* à Michigan State University, School of Criminal Justice, 560 Baker Hall, East Lansing, Michigan 48824-1118.

(1991) pour une position d'éclectisme théorique ainsi que de pragmatisme politique. La position la plus progressiste sur une police réformée est celle de l'auteur américain Goldstein (1979, 1990) qui a esquissé un paradigme de *Problem-Oriented Policing* (1979, 1990) qui va beaucoup plus loin que celui de la police communautaire[17].

Avant de passer aux détails de la conception, il faut évoquer l'idée fondamentale qui revient partout : rapprocher la population du contrôle du crime et de la sécurité intérieure ce qui comprend les deux aspects de participation et de consultation. La devise qui exprime le mieux ce principe est l'exigence de traiter la sécurité publique comme une "co-production" de la police et de la société. En d'autres termes, on demande un partage de la responsabilité et des compétences pour le contrôle du crime et pour le maintien de l'ordre entre les institutions étatiques et la société civile.

Les méthodes opérationnelles pour la mise en œuvre de ce principe de police communautaire et d'une nouvelle prévention sont tout à fait diverses, variées, voire disparates. Leur accomplissement déboucherait sur une réforme d'une grande envergure. La proximité envisagée des acteurs étatiques et civils peut se faire par des changements de la part des services publics aussi bien que de la société.

Quant à la société, l'entrée des acteurs civils dans le champ du contrôle du crime est sans doute l'aspect le plus important au sens d'une co-production de la sécurité intérieure. L'institution exemplaire est alors l'observation du voisinage qui s'est développée aux Etats-Unis et en Grande-Bretagne dans une proportion incroyable. S'y ajoute également l'évolution spectaculaire des entrepreneurs privés offrant des services de sécurité.

---

[17] Contrairement à l'auteur lui-même, Bayley souligne justement les similarités fonctionnelles entre *community policing* et *problem-oriented policing* en disant qu'une application sérieuse des principes de *community policing* déboucherait sur la voie de *problem-oriented policing* (1994, 114, 168).

Du côté de la police, il faut mentionner plusieurs méthodes : des patrouilles de police à pied et des mini-stations ont été proposées pour établir une plus grande proximité au public. Il y a toute une série d'autres réformes de l'organisation policière afin d'arriver aux rapports plus étroits entre la police et le public.

Deux conséquences ambivalentes semblent être impliquées dans un plus grand rapprochement de la police et du public. Premièrement, un élargissement du mandat de la police va s'établir. En tout cas, c'est le message central de l'article de Wilson, Kelling (1982) sur *les fenêtres brisées* qui, on le sait, sert de cristallisation à la nouvelle prévention. La deuxième implication gênante consiste à transformer la police d'un service *réactif* en une institution *proactive*, en une police, qui n'attend plus les demandes du public mais qui prend elle-même des initiatives (Sparrow, Moore, Kennedy, 1991) ;

Ces remarques particulières sur la police communautaire et sur la nouvelle prévention nous permettent de mieux comprendre les distinctions entre prévention classique et nouvelle prévention. On peut résumer les résultats de cette comparaison par les quatre conclusions suivantes :

a. La prévention nouvelle remplacera le principe indirect et passif du modèle classique par une stratégie de prévention directe et (pro)active.

b. Il y aura une tendance à des fonctions de répression et de prévention du droit pénal.

c. L'intégration et l'insertion de la police dans le système pénal seront affaiblies par la nouvelle prévention ce qui aboutira à une autonomie policière, inconnue dans la prévention classique.

d. La participation civile aux services de sécurité publique va transformer la sécurité d'un bien collectif en un bien privé, ce qui va non seulement toucher le monopole d'Etat du pouvoir mais aussi mener à une inégalité sociale en matière de sécurité.

La conquête historique de transformer la police d'un pouvoir tout puissant et d'un agent de *Sozialdisziplinierung* - le projet global et séculaire de transition de l'Etat absolutiste à l'Etat républicain et démocratique - à un pouvoir limité et domestiqué sera annulée, voire même renversée par la nouvelle prévention. Pour utiliser un jeu de mots allemand : *La Polizei est en train de retomber à la 'Polizey'*[18]. Dans ce sens je me rallie sans hésitation à l'opinion de Bayley qui a mis en garde contre les risques politiques qu'une prévention sérieuse entraînerait pour l'Etat républicain (1994, 128).

La discussion précédente est une analyse plus analytique et théorique qu'empirique. De plus, il s'agit d'observations générales qui ne sont pas limitées à la situation allemande. Donc, le reste de mes remarques sera concentré sur une description détaillée et empirique du domaine de la prévention allemand.

III - Les acteurs allemands de la prévention

Pour mieux comprendre la situation allemande, il faut commencer par quelques remarques concernant l'ordre constitutionnel et politique de la police qui vont nous aider à identifier le discours préventif en Allemagne sur le plan des auteurs et des institutions qui y participent.

La structure fédérale de l'Allemagne établie par la constitution prévoit une organisation décentralisée de la police. Ce sont les Länder qui disposent de la prérogative législative, organisatrice et administrative de la police. Les exceptions se réfèrent à deux éléments : le Parlement fédéral est compétent pour la législation pénale, et il existe une police fédérale pour la protection des frontières, comprenant environ 20 000 policiers dont les fonctions, par ailleurs, se sont élargies et restructurées au cours de l'unification et de l'Allemagne et de l'Europe.

Cette situation décentralisée de la police est due à l'existence de codes différents de la police pour chaque Land.

---

[18] La *Sozialdisziplinierung* est un concept qui a été introduit par l'historien Oestreich (1968), un spécialiste de l'absolutisme européen, et qui a déclenché dès lors un grand débat parmi les historiens.

Plusieurs tentatives pour unifier les lois et créer une sorte de loi-cadre unique de la police se sont soldées par des échecs. C'est pourquoi on trouve une situation différente selon les Länder, particulièrement dans le cadre des aspects policiers relatifs au maintien de l'ordre et à la prévention.

La structure policière de l'Allemagne est caractérisée par une autre particularité. Il s'agit du rapport entre les deux métiers de la police, - le maintien de l'ordre et la lutte contre le crime -, qui sont normalement séparés au niveau de l'organisation. Pour l'Allemagne, cette distinction n'existe qu'au plan législatif et conceptionnel, et non au plan institutionnel et administratif. On ne peut institutionnellement pas parler d'une police judiciaire et d'une police du maintien de l'ordre. Les deux fonctions font partie intégrante de la même organisation et elles se croisent.

Il existe une division du travail, plus ou moins marquée, entre la *Kriminalpolizei* et la *Schutzpolizei* au sein des services et des institutions policières particulières. Jusqu'à un certain niveau de l'organisation on trouve une séparation institutionnelle. Dans une certaine mesure, un policier réunit ces deux compétences-là, sauf pour les crimes graves qui demandent des investigations complexes, exigent beaucoup de temps et qui sont réservés aux experts, regroupés dans des unités administratives. Naturellement, les fonctions et les postes de ces deux métiers se distinguent par le lieu de travail (la rue ou le bureau), par le savoir et les habilités nécessaires, par la position hiérarchique, par l'habillement (uniforme ou civil) et par une qualification et une formation différentes. Ces distinctions se sont traduites en un sens élitiste du côté des policiers criminalistes qui se sont regroupés dans une association spécifique ; et ils se sentent plus comme membres d'une profession que membres de la police. Certains parlent même d'une sorte de sous-culture des criminalistes ce qui trouve une justification dans la grande rivalité entre les deux branches.

Un mot supplémentaire me semble nécessaire pour expliquer les liens entre la police et la justice pénale, notamment le parquet. Il faut noter avant tout un doublement de l'autorité sur la police : le parquet fait partie intégrante du ministère de la

Justice, bien que la police soit elle-même rattachée au ministère de l'Intérieur. Ensuite, dans sa lutte contre les crimes, la police est soumise par la loi à l'autorité du parquet, bien que dans la réalité quotidienne la police domine et dirige les investigations.

Un autre point de distinction qui met la structure de la police allemande à l'écart de la police des autres pays, se réfère à son organisation territoriale. Contrairement à beaucoup d'autres pays, il n'y a pas de police spécifique pour les régions rurales et les régions urbaines.

Une observation générale qui s'avère extraordinairement pertinente pour notre discussion est la question de l'importance attachée par la police à l'un et à l'autre de ses deux métiers. La réponse à ce sujet est claire et nette : la lutte contre le crime domine la compréhension et l'organisation de la police, du niveau idéologique et théorique jusqu'au niveau opératoire et logistique. La conception de l'ordre public en témoigne en attachant à cette notion de droit une interprétation assez étroite dans le sens de l'absence du crime. Cette hiérarchie rigide des fonctions policières qui me semble officiellement plus développée en Allemagne que dans d'autres pays a des rapports avec la période nazie de l'histoire allemande qui s'est avérée assez compromettante pour la police aussi. Cependant, cette rigueur suscite une tendance vers une morale double en insistant, d'une part, sur une légalité irréelle de tout ce que la police fait et, d'autre part, sur une législation excessive de tout ce qu'elle veut faire.

1 - Les acteurs policiers centralisés

La structure décentralisée de la police, prescrite par la constitution, serait, quand même, contrecarrée par plusieurs institutions de coordination et coopération, ou constitutionnelles, ou sous-constitutionnelles qui se sont renforcées au cours de l'existence de la République fédérale. Elles jouent un rôle important par rapport à la politique de prévention qui nous intéresse ici. Il y en a trois qui méritent d'être brièvement identifiées :

- L'Office fédéral du crime (*Bundeskriminalamt* - BKA à Wiesbaden)
- L'Académie fédérale de gestion policière (*Polizeiliche Führungs-Akademie* - PFA à Münster-Hiltrup)
- La Conférence permanente des ministres de l'Intérieur (*Ständige Konferenz der Innenminister* - IMK)

a - L' Office fédéral du crime (BKA)

L'institution fédérale de coordination la plus importante est l'Office fédéral du crime (*Bundeskriminalamt* - BKA). Il existe depuis la fondation de la République fédérale en 1949 et ses fonctions se sont considérablement étendues, particulièrement dans le milieu des années soixante, ce qui s'est traduit par un accroissement rapide du personnel et des crédits dont il dispose[19]. Si ses compétences étaient au début strictement limitées aux fonctions logistiques, coordonatrices et informatives qui rendent service à la police des Länder, le rapport aux forces policières des Länder s'est renversé en un rôle de plus en plus dominant. Non seulement le BKA a obtenu des compétences exécutives pour certains crimes graves, comme le terrorisme, les crimes politiques, tout récemment le crime organisé (blanchiment de l'argent), mais il exerce aussi une grande influence sur la police des Länder par ses activités stratégiques, criminalistiques et scientifiques.

Le dispositif le plus visible et puissant que le BKA utilise pour s'imposer à la politique policière des Länder, sans y être formellement autorisé, consiste en un système élaboré et varié de publications et de communications qui résultent d'une multiplicité de conférences, congrès, colloques. Ces activités traitent des questions stratégiques et théoriques aussi bien que des problèmes pratiques et opérationnels et ils réunissent en

[19] Le personnel du BKA est passé durant la période 1960-1990 d'environ 500 à plus que 4 000 personnes ; les crédits ont augmenté dans la même période d'environ 10 millions en 1960 à plus que 450 millions de DM au début des années 1990 (Rupprecht 1995, 111).

général les cadres supérieurs de la police de toute la République. Un rôle éminent est tenu par le service scientifique et criminologique qui conduit des recherches propres et dispose aussi de crédits pour confier des contrats à des institutions extérieures pour des études empiriques.

Un autre facteur important a considérablement renforcé le rôle et l'impact du BKA sur l'organisation et les méthodes opérationnelles de la police. A partir des années soixante il y a eu une évolution et un développement rapide de la technicisation et de l'informatisation au sein de la police et du système pénal (Nogala, Sack, 1995 ; Lindenberg, 1992). C'est le BKA qui a pris le rôle-clé dans ce progrès technologique de la police. L'existence des offices correspondants dans les Länder facilite et augmente l'influence du BKA. Chaque Land entretient un *Landeskriminalamt* (LKA) qui fonctionne comme partenaire direct du BKA.

b - L'Académie fédérale de gestion policière (PFA)

La PFA est une institution centrale de la police qui, contrairement au BKA, n'est pas prévue et réglementée par la constitution, mais existe en vertu d'un accord entre les différents Länder de la RFA. Elle fait partie intégrante de la formation policière de l'Allemagne. Responsable de la formation des cadres supérieurs de la police de tous les Länder, elle dirige et organise d'autre part tout un système d'éducation permanente. Des cours sont donnés à des policiers venant de toute l'Allemagne, similaires, à ceux du BKA. La PFA joue un rôle promoteur et innovateur à travers ses activités d'enseignement et d'éducation. Avec certaines réserves, on pourrait comparer la PFA à l'IHESI française. Sa structure ressemble à celle d'une institution scientifique ou universitaire ; on a envisagé de la transformer en une université normale.

Globalement, on peut dire que la PFA et ses activités constituent les mécanismes-clés d'homogénéisation d'une police politiquement et constitutionnellement décentralisée.

c - La Conférence permanente des ministres de l'Intérieur (IMK)

La troisième institution centrale qui doit être mentionnée dans notre discussion se situe aussi sur le plan sous-constitutionnel de l'organisation politique. Il existe un système général de coopération et de coordination entre le gouvernement fédéral et les gouvernements des Länder et les différents ministres. Ce dispositif de centralisation varie selon le degré de l'institutionnalisation et de la régularité selon les métiers et les champs de la politique. C'est la Conférence permanente des ministres de l'Intérieur qui figure dans ce système coordonnateur de la politique comme l'institution la plus importante, régulière et permanente. Le ministre fédéral de l'Intérieur s'en sert pour exercer son influence dans la politique générale de la sécurité intérieure.

Les fonctions de la IMK vont bien au delà d'un plan consultatif et informatif. Ils comprennent tous les niveaux politiques, organisateurs et opérationnels, impliquant également la programmation générale de la politique de sécurité et de la mise sur pied des formules et mesures policières concrètes. Pour remplir ces fonctions la IMK a établi des groupes de travail permanents qui disposent d'une infrastructure administrative propre. C'est le groupe de travail II (*Arbeitskreis-AK* II), qui s'occupe des questions de la sécurité intérieure.

d - L'influence générale des institutions centralisées de la police sur la prévention

Ces trois institutions centralistes de la police jouent un rôle significatif dans l'évolution policière. Cependant, les accents donnés aux différentes missions de la police varient d'une institution à l'autre.

L'importance du BKA peut être mise en relief par deux caractéristiques. A partir des années 1970, il est devenu le promoteur du processus d'informatisation et de technologie de toute la police allemande. Les systèmes et les recherches informatisées, - qui existent en abondance au sein de la police et qui ont donné naissance à un contre-mouvement législatif et institutionnel de protection contre l'abus de l'informatique -, ont été développées par les spécialistes du BKA. La seconde caractéristique du BKA se réfère à son rôle, comme fournisseur des idées nouvelles et des évolutions à venir.

Les deux aspects, l'informatisation et la fonction avant-gardiste du BKA, se sont clairement manifestés dans le domaine de la prévention. Parmi les premières publications sur le sujet de la prévention, plusieurs concernent des activités du BKA (*Bundeskriminalamt* 1964, 1976). Un des acteurs proéminents du métier de prévention est un scientifique au service du BKA (Kube, 1987). Le rôle remarquable, équivoque et controversé que le BKA a joué par rapport au problème de la prévention est lié à son ancien président H. Herold, le chef du BKA le plus connu.

Ce praticien de la police, qui était président de la police de la ville de Nuremberg avant d'être élu président du BKA pour une décennie (1971-1981), fut le dirigeant puissant et le promoteur décisif de l'informatisation de la police. Assembler, informatiser, enregistrer, réorganiser des données et des informations, ces activités étaient devenues pour lui l'incarnation d'une police moderne et progressiste et c'est ce qui a fait sa renommée. Il a reconnu et exploré le potentiel de cette évolution comme aucun autre et il a découvert que l'informatisation de la police dépasserait les fonctions traditionnelles de la police, irait au delà du rôle répressif et se prêterait à une amplification des missions de la police. En fait, Herold a conceptualisé son idée et sa théorie de la prévention sur la base de l'informatisation policière (Herold, 1977) et il est allé trop loin dans cette direction. Il a déclenché un débat sur sa conception préventive qui a nourri le reproche d'une voie vers *un état de soleil* (Herold, 1980), où une police moderne se trouverait habilitée à une prévision universelle et à une planification globale et totalisante[20]. Il ne me semble pas exagéré de dire que le discours

---

[20] Herold fut aussi le président du BKA au temps de *l'automne allemand* de l'année 1977, quand le terrorisme avait atteint son apogée en Allemagne. En

préventif jusqu'à présent en Allemagne a été partiellement dominé par des réserves et des hésitations qui se justifient par la méfiance envers des idées exprimées dans l'œuvre de ce président extraordinaire du BKA[21].

En ce qui concerne la PFA, sa contribution au discours préventif est plus récente et moins visible, bien que tout-à-fait présente. Le sujet s'est bien inséré dans le programme de l'enseignement et des instructions policières. Des séminaires font régulièrement partie des cours pour les cadres supérieurs de la police. L'accent mis sur le sujet par la PFA est différent de celui du BKA au sens qu'on s'occupe plus de la prévention locale et communautaire, de l'insertion des acteurs sociaux et privés dans les activités préventives[22]. Dans la mesure où l'on prend la mobilisation de la société comme un critère décisif et central de la prévention nouvelle, on peut attribuer à la PFA le grand mérite de se consacrer ainsi à l'évolution de la prévention au sein de la police. Un petit livre de la série de publication en témoigne (PFA 1992) ainsi que le Dr. Joachim Jäger, fonctionnaire de la PFA, membre consultatif permanent du premier conseil de prévention, et établi en 1990 dans le Land Schleswig-Holstein.

Reste à préciser, quel rôle la troisième institution centralisée de la police, la IMK, joue dans le domaine de la prévention. Cependant, la situation s'avère un peu contradictoire, parce que des questions de compétence politique sont clairement touchées. La prévention proactive, directe et autonome qui est

---

ce temps-là, il fut le dirigeant de la législation pénale anti-terroriste qui a survécu à sa démission en 1981 (Berlit, Dreier, 1984). Sa conception d'une police moderne n'a en aucun cas contribué à sa chute.

[21] En témoigne, par exemple, un petit livre de K.-L. Kunz (1987), dans lequel l'auteur exprime sa conviction, que les idées de Herold ont empêché une vue plus sobre et réaliste sur la prévention (p.7).

[22] En témoigne un colloque international, tenu en 1988 au siège de la PFA, qui a réuni une série des praticiens allemands et des spécialistes étrangers, dont le français G. Bonnemaison, et qui s'est occupé de la violence dans les centres urbains (*Polizei-Führungsakademie*, 1988 ; voy. aussi *Polizei-Führungsakademie*, 1994).

plus qu'une prévention indirecte par répression au sein du processus pénal, est considérée comme partie intégrante du métier du maintien de l'ordre, du contrôle et de la maîtrise des risques et des dangers *Gefahrenabwehr*. C'est pourquoi la prévention est traitée comme une prérogative des Länder et le gouvernement fédéral a refusé encore récemment d'assumer une quelconque responsabilité (Koetzsche 1994, p. 26).

Ceci dit, il faut mentionner les activités considérables qui se sont développées au sein et à l'initiative de la IMK sur le terrain préventif[23]. Elles remontent au début des années 1960 et ont pris de plus en plus d'importance jusqu'à aujourd'hui. En s'appuyant sur des mesures préventives développées dans la période pré-nazie, on a rétabli un système de consultation policière pour la population (*Bundeskriminalamt*, 1978). Suivant un modèle pratiqué en Bavière à partir de l'année 1964 un groupe de travail comprenant les représentants des différents LKA et du BKA (AG *Kripo*) a travaillé à la standardisation d'un système préventif pour toute l'Allemagne. Ce projet achevé aux alentours de 1970 a débouché sur la mise en place d'un *Programme de Prévention de la Police Judiciaire (Kriminal-polizeiliches Vorbeugungsprogramm* - KPVP)[24], proposé annuellement.

Au début, ce programme avait des recommandations particulières pour chaque Land. Cependant, en 1974 la IMK a proposé un programme intégral de sécurité intérieure qui comprenait aussi une partie spécifique sur la prévention dont la création d'une direction préventive, ce qui a abouti à la mise en œuvre d'un accord entre les Länder sur l'organisation et le financement du programme préventif en 1975. Cétait un pas décisif de l'évolution de la prévention au sens d'un accroissement de l'importance de cette mission policière. La direction du KPVP comprend un Land dirigeant (Baden-

[23] Je m'appuie notamment sur Stümper (1980), Rupprecht (1976, 1995) et Dorfner (1990).

[24] Voy., au delà des sources mentionnées dans la note précédente, les publications du BKA, spécifiquement Weinberger (1984).

Württemberg), le BKA et cinq autres Länder qui sont remplacés tous les trois ans par roulement.

L'étape suivante de la mise en relief de la prévention policiaire eut lieu une décennie plus tard. En 1984 une "Commission de la Prévention Criminelle" (*Kommission Vorbeugende Kriminalitätsbekämpfung* - KVK) fut établie comprenant les membres du groupe de travail des LKA et le dirigeant du programme préventif de la IMK. Cette commission de gestion était chargée de faire des propositions pour la prévention, d'exécuter des résolutions de la direction du KPVP et d'organiser une divison du travail en matière de prévention dans les différents Länder.

Le résultat le plus important a été le partage des responsabilités préventives entre les différents Länder. Cette division du travail se fonde sur deux principes dont l'un concerne les moyens de techno-prévention, l'autre les délits et les victimes particulières. Ainsi le LKA de Bavière s'occupe de l'informatique et des crimes de l'informatique, celui de Basse-Saxe traite de la technologie et de la protection des voitures ainsi que des remèdes préventifs contre les vols de voitures et la drogue.

Comme pour le BKA, il y a eu un auteur-clé au sein de la IMK qui a fait évoluer la prévention. Il s'agit de A. Stümper, le policier le plus haut gradé du Land Baden-Württemberg[25], qui a plus ou moins dirigé les activités préventives de la IMK. Contrairement à H. Herold, il fut un praticien qui n'avait pour but que l'augmentation et le perfectionnement de l'efficacité policière dans la lutte contre le crime. Lui aussi a demandé la modernisation de la police pour lui permettre de réussir à combattre le crime. Pour cela il s'est fortement opposé au mouvement de protection contre l'abus de l'informatique en disant que la protection des données est équivalente à la protection des actes criminels.

---

[25] Au Baden-Württemberg on a établi un poste à la tête de la police auquel sont déléguées des compétences considérables qui normalement font partie de l'autorité du ministère de l'Intérieur.

D'autres points montrent très clairement sa position stratégique. A. Stümper s'est prononcé vivement pour la transformation de la politique criminelle en une politique de sécurité intérieure ce qui étendait considérablement les compétences et le pouvoir de la police (Stümper, 1981, 1984a,b). Une prévention étendue et complexe aurait due être la mission-clé de la police. Or il était nécessaire de restructurer la police en profondeur, en l'équipant de moyens et d'outils supplémentaires. Institutionnellement cela pouvait, selon lui, aboutir à l'établissement d'une Direction Générale de la Sécurité Intérieure pour toute l'Allemagne, une demande qu'il a formulée à maintes reprises (Stümper, 1979). Conceptuellement il s'est prononcé pour une nouvelle définition des cibles d'intervention policières qui devrait aller au delà de l'acte particulier et de son auteur. A son avis le centre des activités de la police était le chiffre noir de la criminalité (*strukturelles Dunkelfeld* - A. Stümper, 1983). Evidemment, d'une telle stratégie résulterait un abaissement systématique et structurel du seuil d'intervention d'une manière qui permettrait à la police de faire des observations et des investigations préalables contre des individus non suspects et innocents[26]. C'était exactement ce que Stümper réclamait pour la police.

e - Les projets réalisés et effectués au niveau fédéral

En se tournant à présent vers la réalisation des idées et des propos expliqués *supra*, il faut préalablement retenir deux aspects centraux auxquels j'ai fait allusion plusieurs fois. Le premier concerne la distinction des deux missions de la police, la lutte contre le crime, et le maintien de l'ordre et le contrôle des risques. La prérogative législative pour la première reste au gouvernement central : les institutions centralisées dont nous avons parlé sont restreintes en ce qui concerne le maintien de

---

[26] Une excellente discussion juridique et dogmatique sur de telles stratégies policières d'intervention en amont du passage à l'acte, appelées *Vorfeldermittlungen* en allemand, a été présentée par Weßlau (1989).

l'ordre ainsi que les questions administratives et organisatrices de la police à un rôle purement consultatif et coordonnateur. Tout ce qui se passe au sein de ces institutions centralisées est centré et orienté vers la fonction répressive. S'y ajoute la priorité qui s'attache à la police judiciaire d'un point de vue professionnel et stratégique. La perspective qui domine presque exclusivement le discours stratégique de tous les métiers de police prend comme point de départ la hiérarchie et la gravité des crimes. Toutes ces raisons provoquent un déséquilibre ouvert et une disparité grave par rapport à la stratégie préventive au niveau des institutions centralisées de la police en Allemagne.

Ce cadre général impose de faire une distinction nette entre deux types de mesures préventives effectuées par les institutions centralisées. Faute d'une conception plus appropriée et pertinente je propose de les appeler dures et faibles ou souples. Bien que cette différence ne corresponde pas à celle de la prévention traditionnelle et nouvelle, il y a intersection et chevauchement entre elles.

En traitant les mesures dures de prévention il convient d'attirer l'attention sur toute une législation, achevée, ou en préparation, qui a pour but un renforcement important des pouvoirs policiers dans la lutte contre le crime. Sous la double devise d'une augmentation de l'efficacité de la lutte contre le crime et de sa prévention on est en train d'augmenter considérablement les moyens auxquels la police peut avoir recours pour accomplir ses tâches.

Sans entrer trop loin dans le détail, il suffira de faire allusion à quelques exemples[27]. Il s'agit de l'application policière de l'informatique et de la technologie des observations et investigations clandestines. L'informatisation a rendu possible

[27] La discussion sur ce terrain étant assez étendue et controversée, je m'en tiens aux œuvres de W. Hassemer, récemment élu membre de la cour constitutionnelle fédérale, qui en tant que professeur de droit pénal à l'université de Francfort sur le Main ainsi que chargé de la protection de l'abus des données du Land Hessen, a constamment fait part du danger de cette évolution (1993).

un type d'investigation qui ne prend pas comme point de départ un soupçon concret et spécifique contre un individu mais qui fonctionne à l'inverse de sorte que les données sont utilisées et organisées d'une manière qui produit les soupçons individuels. Contesté au début, ce dispositif policier s'est établi comme routine normale. En ce qui concerne les moyens électroniques mis au service de la police, l'évolution est telle que le pouvoir de les utiliser a été généralisé à l'exception des cas touchant au domicile privé. Cependant, il y a actuellement une discussion aiguë sur l'extension des dispositifs d'écoutes clandestines dans le domaine de la vie privée. Le ministre fédéral de la Justice, membre du parti libéral, a démissionné en raison d'un vote de son parti favorable à une réforme législative visant à autoriser dans certains cas la police à effectuer des observations clandestines de l'espace privé.

On rencontre d'autres exemples d'une amplification des pouvoirs policiers, au prétexte de prévention. A la base de ce développement, on peut identifier une préoccupation qui se nourrit toujours du choc que l'expérience terroriste de gauche a infligé dans les années 1970 à la classe politique et aux services de sécurité intérieure. Cependant, le terrorisme de gauche étant devenu moins menaçant, d'autres formes de crime ont surgi. Le terrorisme est remplacé dans un certain sens par le crime organisé auquel s'attache depuis quelques années la préoccupation politique. Un autre sujet central concerne les crimes violents, où les crimes contre les immigrés jouent un rôle éminent.

Examinons maintenant les mesures souples de prévention suscitées par les institutions centralisées de la police. Au delà de la réorganisation et de la revalorisation institutionnelle de la prévention et d'une mise au point d'une division de travail et d'une coopération synergétique entre les différents Länder, les moyens employés s'étendent à trois terrains. Le plus ancien et le plus traditionnel concerne la publicité utilisée par la police pour mettre en garde le public contre le crime. Pour mieux y parvenir, elle essaie de profiter des méthodes modernes de la publicité et de coopérer avec les médias. Cependant, les crédits disponibles pour cette tâche sont assez limités au niveau central, ils ne dépassent pas quelques millions de DM.

Le deuxième outil consiste en tout un système de consultations. Il existe des petits bureaux où des policiers spécialisés ont la charge de conseiller les individus qui en ont besoin sur la protection de leurs biens et de leur personne. Cependant, cette fonction n'est pratiquée par la police qu'à la demande des individus, même si elle a commencé à organiser de temps en temps des "journées portes ouvertes". D'autre part, la police entretient des rapports de coopération et de conseil avec l'industrie pour élever le niveau de sécurité des produits et pour développer des dispositifs de sécurité. Evidemment, cette fonction est un élément de la prévention situationnelle quoiqu'elle ne soit pas envisagée dans ces termes.

La troisième piste, de plus en plus suivie et qui est considérée par quelques observateurs comme la prévention policière allemande la plus typique, est constituée par des mesures ciblant certains groupes de victimes : les jeunes, les femmes et les toxicomanes. Il existe une multiplicité d'activités policières envers ces trois groupes qui varient de Land à Land et d'une commune à l'autre. Certains policiers fonctionnent comme des agents de liaison entre la police et les écoles qu'ils visitent régulièrement pour enseigner aux jeunes comment se protéger contre le crime.

En tirant un bilan concis des activités préventives au niveau centralisé de la police, il suffit de souligner les points suivants :

- En dépit de la structure décentralisée de la police allemande il existe des institutions centralisées au sein et au-dessus de la police qui essaient de renforcer les activités préventives d'en haut.

- L'ancien président du BKA, H. Herold, et l'ancien chef de la police de Baden-Württemberg, A. Stümper, ont été les deux personnages exceptionnels de la police allemande. Ils ont poussé l'idée de la prévention mais leur conception d'une police toute puissante a empêché son développement.

- La prévention envisagée au niveau centralisé de la police se caractérise par une orientation qui met l'accent sur le point de vue de la police judiciaire.

- Dans ce cadre on peut distinguer deux types de mesures préventives, dures et souples. Tandis que les premières ont connu un renforcement considérable au niveau législatif dans les années récentes, les mesures souples ne se trouvent pas plus élevées qu'autrefois au niveau central, mais sont laissées à la compétence décentralisée des Länder.

2 - Les acteurs décentralisés de la police

a - Une situation tardive et disparate

L'évolution d'une prévention se remarque plus sur le plan décentralisé que sur le plan central. La raison première concerne naturellement la structure constitutionnelle de la police. Cependant, ce qui importe le plus est lié à l'objectif primordial de la prévention nouvelle qui se manifeste notamment dans la conception d'une police de proximité. Sans doute, le but le plus ambitieux que s'efforcent d'atteindre les représentants d'une nouvelle prévention est une mobilisation de la société pour la cause de la sécurité intérieure. Cette tâche exige énormément de stratégies multiples et, en premier lieu, une stratégie très proche de la vie quotidienne et du peuple. C'est pourquoi ce sont les Länder qui en sont responsables. Pour la même raison, on est généralement confronté, à une situation assez disparate dans les seize Länder.

L'Allemagne s'est tenue plus ou moins à l'écart de la discussion internationale sur la nouvelle prévention jusqu'au début des années 1990. En 1992, à l'occasion du trentième anniversaire de l'institut de criminologie de l'université de Heidelberg, un congrès a été organisé qui avait pour sujet : *community policing* (Dölling, Feltes, 1993). Certes, les idées d'un rapprochement plus étroit entre la police et la population furent de temps en temps discutées et soulevées ; et de même on fit l'essai des modèles de policiers à pied en contact plus proche avec la population, mais cela fut considéré comme un renforcement d'une méthode connue, et non comme une nouvelle stratégie de prévention. Même à l'heure actuelle, on ne peut pas parler d'adoption vaste du nouveau discours préventif rencontré dans les autres pays.

Ceci dit, je vais expliquer les différentes activités employées par les organisations policières décentralisées pour arriver à un contact plus étroit avec la population et à un renforcement de la mobilisation sociale au profit de la sécurité publique.

b - La réorganisation de la police

Depuis quelques années la police se trouve confrontée à une restructuration qui a pour but sa plus grande visibilité et sa présence dans la rue. Cela se passe dans les différents Länder de façon accélérée dans les uns, plus lente dans les autres, selon les urgences politiques et criminelles. C'est Berlin qui a pris la tête de ce mouvement dans les années soixante-quinze quand on a introduit un nouveau système territorial et que l'on a augmenté le nombre des patrouilles à pied (Hübner, 1976). Pour des raisons assez claires, les Länder les plus urbanisés, comme Hambourg et Bremen, ont suivi la voie berlinoise plus rapidement que les autres.

Etant donné qu'un développement inverse avait eu lieu dans les années 1950 et 1960, cette nouvelle extension du réseau policier n'est pas sans une certaine ironie.

A cette réorganisation s'attache un autre aspect qui importe certainement plus que le point de vue territorial. La restructuration a aussi pour but de redonner un nouvel équilibre entre les deux cadres de la police, les criminalistes et ceux qui maintiennent l'ordre public. Ce rapprochement a pour but de contrecarrer la négligence policière envers la petite délinquance qui, comme l'on sait, suscite une grande partie de la préoccupation publique.

Cette réorganisation policière ne s'achève qu'avec difficulté et réticence. Les résistances organisées par les syndicats sont énormes comme le signalent les sources anglaises et comme j'en ai fait l'expérience en tant que membre d'une commission de réforme de la police en Basse-Saxe dans les années 1991/1992[28].

c - Conseils de prévention

Le dispositif probablement le plus significatif - et symbolique - pour une nouvelle conception de la prévention, au moins en Europe, est constitué par l'existence de conseils de prévention. Créés au début des années 1970 dans les pays nordiques de l'Europe[29], ces conseils se sont établis pratiquement dans toute l'Europe, tout en étant très différents. Sans vouloir entrer dans les détails, il me semble pourtant nécessaire de faire quelques distinctions. Avant tout, il importe de savoir quel rôle la police joue par rapport à l'établissement aussi bien qu'à la gestion des conseils. Eu égard à cette caractéristique on pourrait distinguer le modèle français du modèle anglais : les conseils français ne sont pas dominés par la police comme l'est le modèle anglais. Une autre différence consiste en ce que des associations civiles et sociales seront effectivement impliquées dans le travail des conseils de prévention ce qui tend à signaler le degré du succès de mobilisation de la population pour la prévention.

Des conseils de prévention n'existent en Allemagne que depuis le début des années 1990. C'est le Land du Schleswig-Holstein, situé tout au nord et voisin direct du Danemark, qui a

[28] Cette commission a existé pendant plus de deux ans : elle a réuni des représentants de la police, de la politique, des syndicats, des sciences sociales et produit plusieurs volumes d'analyse et des recommandations. Elle fut accompagnée par des commentaires et des atteintes de l'extérieur, se termina par la création d'un bureau important au sein du ministère de l'Intérieur destiné à exécuter les propositions de réforme (*Kommission...* 1993). Ce bureau existe toujours et n'a pas encore accompli sa tâche.

[29] On trouve un bon résumé de cette évolution chez H. Koetzsche (1994) qui décrit notamment la situation allemande par rapport à l'établissement des conseils de prévention dans les Länder et les communes.

joué le rôle moteur en Allemagne après avoir établi en automne 1990 *den Rat für Kriminalitätsverhütung in Schleswig-Holstein*[30]. Le conseil dont la direction est assumée par le ministre de l'Intérieur en tant que président et les ministres de la Justice, des Affaires Sociales et de l'Education comprend cent cinquante membres représentant les différentes institutions de la justice pénale, les associations pour les victimes, l'église, les associations de la protection des enfants, les institutions de soutien et de conseil des toxicomanes et les compagnies d'assurance. Une dizaine de groupes de travail sont chargés de faire des analyses et des recommandations. Les sujets de ces groupes sont ciblés, d'une part, aux problèmes organisateurs et, d'autre part, aux crimes particuliers (les vols de masse, les cambriolages, les crimes écologiques, les crimes contre les entreprises d'assurances, les crimes de drogues) ou aux groupes spécifiques (les jeunes, les immigrés).

Le conseil est pourvu d'un bureau administratif composé de deux personnes employées à plein temps, rattaché au ministère de l'Intérieur à Kiel ce qui lui donne accès à une infrastructure suffisante. En outre, l'office dispose d'un crédit annuel de 100 000 DM. Les activités sont centrées sur l'organisation et la tenue des conférences et sur l'avancement et la mise en place de tout un réseau de conseils similaires au niveau des villes et des arrondissements ruraux. Dès le début de son existence, dix-neuf autres conseils locaux ont été mis sur pied au Schleswig-Holstein, à l'initiative du conseil et de ses fonctionnaires, comprenant quelques dizaines de groupes de travail supplémentaires. Ce sont généralement les maires des arrondissements ruraux qui portent la responsabilité de ces conseils au palier communal ce qui implique des sujets traités dans les groupes de travail assez différents et variés.

---

[30] La description qui suit, est basée, sur les documents édités par le bureau du conseil : Rat für Kriminalitätsverhütung in Schleswig-Holstein, Der Innenminister des Landes Schleswig-Holstein, Postfach 1133, 24100 Kiel, Tel. 0431-596-2647, Fax : 0431-596-3131, et, sur plusieurs articles, à la fois des acteurs et des activistes (Finkel, 1995; Koetzsche, 1992, 1994).

Les détails de l'origine et de l'organisation du modèle des conseils de ce Land-moteur permettent d'avoir une vue approfondie sur la philosophie de ce mouvement préventif. D'abord, saute aux yeux le caractère public du conseil. Au début on avait envisagé de la transformer après deux ou trois ans en une structure civile en établissant une association de droit civil. Cette idée ne s'est pas encore matérialisée : on a réduit le plan d'origine à l'établissement d'une association de soutien dont la fonction centrale consiste à fournir des moyens supplémentaires.

Deuxièmement, l'orientation publique du conseil et de ses activités s'accentue et se renforce par le rôle dominant de la police. En témoignent non seulement la direction et la gestion du conseil, mais aussi ses experts scientifiques : deux des plus connus ont été des hauts fonctionnaires de police et l'un d'entre eux est toujours à son poste[31]. Cela renvoie à une préoccupation d'une défense ferme de la prérogative publique en matière de sécurité.

Troisièmement, la mobilisation et l'implication des acteurs supplémentaires s'adressent plus aux autres institutions publiques et étatiques qu'aux acteurs strictement civils ou privés. On promet un effet synergétique sur la prévention notamment d'un regroupement et d'une coopération des institutions et offices publics et étatiques, bien que, bien sûr, des individus soient impliqués dans les activités. Cette stratégie correspond à celle qu'on appelle "inter-institutionnelle" dans le système britannique. Parmi les institutions supplémentaires, ce sont en premier lieu les écoles auxquelles s'attachent les efforts de coopération les plus grands. Cette tendance apparaît dans la justification explicite d'éviter des initiatives privées contre l'insécurité publique. Ainsi, on ne trouve guère de représentants des groupes minotaires ou marginalisés.

---

[31] L'expert permanent dès le début du conseil, J. Jäger, est un maître de conférences à plein temps de la PFA, et H. Koetzsche qui s'occupe notamment d'établir des relations internationales avec le conseil, a longtemps été un haut fonctionnaire de la police hambourgeoise.

Quatrièmement, les activités débouchent sur une stratégie assez décentralisée et localisée. Elle se manifeste non seulement par la structure des conseils de prévention elle-même, mais aussi par l'accent mis sur le raffinement de l'analyse criminelle pour les activités préventives (Koch, 1988, 1992 ; Legge, 1995). Ce raffinement est effectué à travers une régionalisation des données criminelles ainsi qu'une extension des données utilisées où les indicateurs subjectifs jouent le plus grand rôle.

Finalement, un mot mérite d'être dit sur les crimes ou les nuisances contre lesquels se dirigent ces mesures de prévention. On vise d'abord la petite délinquance et la délinquance de masse : vol à l'étalage, cambriolage, vol des cycles, etc... Ensuite, du point de vue des groupes-cibles, on observe une concentration sur les jeunes et les toxicomanes. L'accent mis sur ces deux groupes implique un développement préventif dans une certaine mesure comparable à la conception très connue de J.Q.Wilson, G.L.Kelling (1982) des *fenêtres brisées* ou *incivilités*[32]. Les exemples qu'il utilisent pour expliquer leur concept renvoient beaucoup au monde et au style de vie de ces groupes.

Entre-temps d'autres Länder ont suivi l'exemple du Schleswig-Holstein ou sont en train de le faire. Il va de soi que les autres Länder n'ont pas reproduit une copie précise du modèle du nord, mais sans aucun doute, ce dernier a considérablement accéléré l'évolution dans les autres Länder. En fait, la IMK a récemment décidé de faire une évaluation du modèle du Schleswig-Holstein. Le Land le plus avancé après le Schleswig-Holstein, est la Hesse, le site, d'ailleurs, du BKA, qui a travaillé sur le problème de la prévention dès le début des

---

[32] Selon une communication personnelle de Kelling un livre va être publié en novembre 1996 pour mettre à l'épreuve l'efficacité d'une politique du maintien de l'ordre basée sur le concept des *fenêtres brisées* (1982). Le livre portera le titre : *Fixing Broken Windows : Restoring Order and Reducing Crime in Our Cities*, et il se réfèrera notamment au développement dans la ville de New York.

années 1990 (Schneider, Stock, 1995), suivi par le Land Baden-Württemberg (Feltes, 1995)[33].

En conclusion, on peut constater que l'Allemagne se trouve en plein effort de rattrapage d'un élément central de prévention qui a commencé à se développer dans autres pays modernes il y a plus de vingt ans.

d - Autres dispositifs de prévention

Dans ce chapitre nous voulons faire une brève allusion à une singularité allemande unique, ou presque. Un élément très significatif de la prévention nouvelle dans la plupart des pays où elle s'est développée, abondant en particulier aux Etats-Unis et en Grande-Bretagne, est sans doute les associations privées de garde du voisinage, les *neighbourhood* ou *bloc watches*. En Allemagne on trouve peu de quartiers, de domiciles, de maisons ou de villas qui portent des signes ou des marques de garde sociale ou collective. En revanche, dans les quartiers résidentiels on est mis en garde contre les chiens par des panneaux d'avertissement. En fait, de telles associations de garde du voisinage sont tellement rares que la seule qui s'établit dans un quartier résidentiel de la ville de Cologne il y a plusieurs années se fit connaître par les médias dans toute l'Allemagne et est toujours aujourd'hui considérée comme un succédané ou un palliatif ambivalent.

Les réserves et résistances vis-à-vis de telles gardes privées proviennent certes des expériences historiques de la période nazie ainsi que celle de la ex-DDR. Les anciens *gardes de bloc* étaient des agents ou des instruments de la police secrète (*Gestapo*) ou du bureau de la sécurité (*Stasi*). Cependant, il existe une exception pour les transports publics, évidemment un des espaces les plus sensibles au sens de la sécurité. Suite à plusieurs tentatives mal acceptées par la population visant à se servir des *shérifs noirs* des entreprises privées de sécurité, on a

---

[33] On trouve une vue panoramique et schématique sur l'état de ce développement chez H. Koetzsche (1994).

vu s'établir dans plusieurs villes des groupes volontaires (les *anges gardiens* en uniforme) qui circulent la nuit dans le métro.

Pour des raisons probablement reliées à cette carence de gardes civils on trouve dans quelques Länder allemands des tentatives pour constituer une sorte de police auxiliaire, une police de réserve à laquelle on permet d'assumer quelques fonctions policières. Leurs membres sont recrutés sur la base du volontariat, partiellement à titre honorifique. Sans être fonctionnaires, ils exercent certains pouvoirs policiers. De telles lois existent en Bavière, au Baden-Württemberg et à Berlin.

L'inexistence des gardes privées ainsi que les expériences avec des polices auxiliaires renforcent l'impression d'une politique préventive qui reste fortement sur la réserve devant une implication essentielle et spontanée de la population.

3 - Autres acteurs importants dans le domaine de la prévention

Ayant tiré une sorte de bilan sur l'évolution préventive au niveau institutionnel, opérationnel et direct, nous porterons notre attention sur des acteurs et des activités plus indirects. Nous jetterons un coup d'oeil sur le domaine de la politique, de la sécurité privée et de la criminologie pour explorer, quel a été l'impact de ces acteurs et de leurs discours sur le développement préventif.

a - La classe politique et la prévention

Malgré une préoccupation permanente des partis politiques et des politiciens, la sécurité intérieure au sens global fut au premier rang sur l'agenda politique pour la première fois durant la dernière campagne électorale en 1993-1994. Bien sûr, pendant l'ère du terrorisme de gauche et de la RAF[34] dans les années 1970 et 1980, les institutions étatiques et politiques

[34] *Rötte Armée Fraktion.*

allemandes se sentirent assiégées et menacées, mais cela resta un ébranlement plus ponctuel que celui d'aujourd'hui.

Comme d'habitude, ce furent les partis de droite qui donnèrent le ton sur les questions de sécurité, d'autant plus qu'ils se trouvèrent en concurrence avec des partis d'extrême droite, comme les "Républicains" qui avaient réussi à remporter quelques sièges aux parlements des Länder et dans des communes. C'est pourquoi ce furent les chrétiens démocrates qui évoquèrent le sujet de la sécurité intérieure avec le plus d'acharnement. Ils eurent une stratégie double, exploitant leur rôle en tant que parti au pouvoir et dominant l'agenda public. Les médias en s'insérant dans ce discours ont provoqué avec la politique une vraie "panique" morale sur la sécurité intérieure. Des initiatives législatives furent prises par un ministre fédéral de l'Intérieur assez dur, membre de la CDU, pour renforcer et étendre les outils policiers contre le crime.

Compte tenu d'un métier politique qui ne se prête pas facilement au conflit politique et qui ne permet que d'y tenir une position ferme, une sorte de "toujours plus", les autres partis politiques se sont plus ou moins rangés à la stratégie conservatrice. On n'exagère guère en disant qu'on trouve en Allemagne une grande coalition des partis politiques depuis quelque temps, y compris les verts, sur le thème de la politique criminelle[35]. Aucun des grands partis ne se risque à être souple ou indécis en matière de crime, d'autant plus que le discours politique et public se justifie par la référence à la grande criminalité, particulièrement au crime organisé que les partis politiques ainsi que l'opinion publique utilisent comme passe-partout pour s'opposer à une politique criminelle plus libérale.

La signification de cette situation pour le thème de la prévention consiste en l'accent mis sur ces dispositifs préventifs dont sont munis les services de sécurité, y inclus la police, de

---

[35] Voir le numéro spécial du journal *Bürgerrechte & Polizei*, 1994, 2, qui évoque la position des partis politiques dans le domaine de la sécurité intérieure.

moyens supplémentaires pour combattre les crimes graves en les prévenant.

b - L'évolution des services privés sur le terrain de la sécurité intérieure

De nombreuses entreprises de sécurité se sont développées en Allemagne imperceptiblement, toujours en retard par rapport aux autres pays, mais cependant avec une légère accélération ces derniers temps. Depuis quelques années, l'industrie de la sécurité a une bonne image de branche économique en croissance considérable, surtout depuis la réunification (Sack *et al.*, 1995b). Tout en étant ignorées par les responsables publics ainsi que par les autres observateurs de la vie sociale, des entreprises privées de sécurité ont de plus en plus rempli des fonctions ordinairement réservées aux fonctionnaires d'Etat, (protection des biens et des propriétés privées, patrouilles dans les bâtiments, les espaces publics et semi-publics, les grands centres commerciaux et les grandes surfaces).

Finalement, ce développement s'est opéré de façon si visible que la négligence de l'Etat entraînerait la perte de son contrôle et l'exposerait à une perte du monopole en matière de sécurité. C'est la raison pour laquelle les autorités publiques ont commencé à réagir. Les réactions cependant varient dans les différents Länder. Les uns essaient d'établir une sorte de partenariat avec les entreprises privées, les autres s'efforcent de les rendre moins importantes, sinon superflues par un engagement renforcé sur le terrain préventif. Sans aucun doute, la croissance de l'industrie privée qui a pour objet de rendre des services de sécurité a considérablement nourri les efforts préventifs du côté de l'Etat.

Il faut cependant faire allusion à un mouvement privé qui existe déjà depuis longtemps, pour l'aide aux victimes. L'association la plus connue, pour ne pas dire mal famée, sur ce terrain s'appelle *L'anneau blanc* (*Der Weisse Ring*). Elle est responsable d'un programme régulier de télévision sur la deuxième chaîne de télévision publique sous le titre *xy - non élucidé* qui a gagné une grande popularité en offrant aux télespectateurs l'opportunité de transmettre spontanément des soupçons. Un zèle remarquable en a résulté. Cette association a réussi à attirer l'attention des responsables politiques et du public, à recruter des membres influents de la police et de la politique et à percevoir beaucoup d'argent pour ses missions. En fait, elle se vante de son engagement pour les victimes et contre les criminels et a ainsi contribué à produire un sol fertile du durcissement considérable de la politique criminelle allemande.

c - La criminologie devant la prévention

Le grand pénaliste F. v. Liszt proclama, il y a presque cent ans, la devise selon laquelle la politique criminelle la plus raisonnable et la plus efficace serait une bonne politique sociale et qu'à la limite, chaque politique criminelle devrait déboucher sur la politique sociale. La criminologie allemande s'est accrochée plus ou moins jusqu'à présent à ce principe d'une façon dogmatique. Sa conception préventive a toujours mis un accent important sur des mesures non-pénales et sur les activités des institutions extra-pénales, les institutions de socialisation, sur la formation professionnelle, sur la politique du marché de travail, sur les institutions pour les jeunes etc... Les services sociaux qui font partie intégrante du système de droit pénal, ont pour but la réinsertion des condamnés dans les institutions sociales. Pour y parvenir, ils disposent de compétences spécifiques dont ils se servent.

C'est presque exclusivement dans ce sens de prévention qu'on trouve des publications et des analyses de la part de la criminologie allemande à ce sujet. Le criminologue H.-D. Schwind (1980), autrefois ministre de la Justice en Basse-Saxe, n'a pas fait exception si on en juge par son plaidoyer pour une intensification de la prévention. En témoigne aussi la collection des articles de H. Kury (1982), à cette époque directeur de l'institut de recherche criminologique en Basse-Saxe (*Kriminologisches Forschungsinstitut Niedersachsen* - KFN).

Une campagne massive contre le chômage au nom de la prévention de la délinquance a été déclenchée par Ch. Pfeiffer, directeur actuel du KFN.

En revanche, des mises en garde contre une conception préventive à l'américaine se sont fait entendre depuis les années quatre-vingts. Le pénaliste et criminologue P.-A. Albrecht de l'université Bielefeld puis de Francfort qui n'a pas cessé d'avertir du danger d'une érosion du droit pénal en s'adaptant au nouveau modèle de prévention (Albrecht 1983, 1986, 1988 ; Albrecht, Backes 1989). Par ailleurs, on trouve une opposition à l'extension de la prévention chez une minorité de professeurs de droit pénal dont W. Hassemer est le plus connu (1993)[36].

On a pu observer chez quelques criminologues une orientation plus ouverte envers la nouvelle prévention depuis quelques temps déjà. Ce changement concerne une direction notoirement sous-développée dans la criminologie allemande. Contrairement à la plupart des pays, la police n'a guère été étudiée par la criminologie allemande. Cela a changé depuis quelques années et il en est résulté toute une réorientation des fonctions policières en accentuant les tâches souples et le soutien qui sont attendus par la population. C'est Th. Feltes, professeur et directeur d'une académie policière dans le Baden-Württemberg, qui a le mérite d'être entré sur cette voie d'analyse et de s'être engagé en faveur d'une prévention renouvelée (Feltes 1995 ; Dölling, Feltes, 1993).

---

[36] L'opposition des pénalistes contre le mouvement préventif est notamment suscitée par la tendance à une négligence ou à une érosion des droits de l'homme et civiques qui peut se produire par une extension des moyens policiers au nom d'une grande efficacité de la police. Cette préoccupation s'insère bien dans l'ancien débat sur les deux pôles d'action du droit pénal, celui de l'efficacité de la lutte contre le crime et celui qui souligne les exigences de l'Etat de droit. L'école pénale de l'université de Francfort dont font partie Albrecht, Hassemer, Lüderssen, Naucke parmi d'autres, s'est prononcée vivement pour la position de l'Etat de droit ainsi que quelques autres pénalistes (Dencker, 1988) et l'association des avocats pénaux.

En somme, la criminologie s'est presque totalement tenue à l'écart des nouveaux développements de prévention, et ne s'est pas non plus impliquée dans la discussion théorique, ou n'a pas participé aux études évaluatives ou d'application[37]. En tout cas, elle ne soutient aucune comparaison avec la criminologie des autres pays de l'ouest en ce qui concerne un traitement approfondi du thème de la prévention.

IV - Quelques remarques sur les fonctions manifestes et latentes du discours préventif

Ce dernier chapitre a pour but de soulever quelques questions déjà posées par d'autres acteurs provenant du monde scientifique ou bien du monde politique et public sans cependant avoir trouvé une réponse satisfaisante. Compte tenu des efforts énormes investis dans la cause de la prévention, du moins dans le discours à ce sujet, la question essentielle est : quels sont les problèmes auxquels la prévention donne ou prétend donner une réponse ? L'idée s'impose parfois à l'observateur que la prévention est une solution nette et efficace, alors qu'il se trouve gêné par la définition des problèmes supposés être résolus par celle-ci.

Je vais tenter d'expliquer la situation allemande au vu des expériences et des réflexions qu'on trouve dans la littérature scientifique. Comme cadre théorique je vais emprunter quelques concepts de l'analyse fonctionnaliste. J'espère profiter de la distinction centrale de l'analyse fonctionnaliste entre les fonctions manifestes et les fonctions latentes ce qui permettra de séparer les intentions et les buts des conséquences objectives, voulues ou non, de la prévention. J'insiste là-dessus en raison de mon hypothèse centrale qui suppose que la prévention nouvelle

[37] En dépit de quelques exceptions sporadiques (Kerner, 1976) et malgré quelques signes contraires comme l'extension récente d'une association de soutien des prisonniers libérés par la fonction de prévention j'insiste sur le fait que la criminologie allemande s'est largement abstenue sur le thème de la prévention jusqu'à présent et continue dans ce sens, ou presque.

ne trouve pas sa raison d'être dans le champ criminel mais en dehors du terrain de la sécurité intérieure.

Pour mettre en évidence cette hypothèse, je vais développer deux aspects spécifiques du problème de sécurité intérieure :

- l'évolution de la criminalité
- les sentiments de l'insécurité ou la transgression du cadre criminologique

1 - L'évolution de la criminalité

Une thèse très répandue explique la préoccupation relative à la sécurité intérieure et le renvoi aux mesures préventives par une référence à une divergence marquée entre, une augmentation de la criminalité et une diminution parallèle des taux d'élucidation. Cette tendance a engendré un sentiment massif d'insécurité dans la population provoquant ainsi des doutes concernant l'efficacité des services publics à l'égard du contrôle du crime. Le problème, ressurgit avec certains crimes pénibles qui touchent la vie quotidienne et l'espace privé.

Sans entrer dans les détails de cet argument, sans notamment prendre une position décidée sur sa validité dans d'autres sociétés, pour des raisons empiriques il s'impose d'atténuer et de considérablement modifier ladite hypothèse pour la situation allemande. Les rapports entre le développement du crime et les réactions à cette évolution du côté des institutions pénales ainsi que de la population semblent être plus complexes. Il faut compter avec la possibilité que les relations entre les deux facteurs soient neutres, voire même négatifs, et, plus généralement, que le système causal soit composé de rapports non-linéaires et récurrents. Cela voudrait dire, que, l'augmentation des taux de crime est une condition nécessaire, mais pas une condition suffisante pour l'intensification des efforts préventifs ou, pour le dire encore différemment, que d'autres variables importantes et intermédiaires à identifier s'interposent. Pour la représentation scientifique de cette partie de réalité dont nous nous occupons ici, on est renvoyé aux modèles statistiques et mathématiques qui ne sont utilisés dans les sciences sociales qu'assez rarement, sauf dans la théorie du système.

Ce n'est pas l'endroit pour entrer dans une analyse précise et approfondie de l'évolution allemande de la criminalité. Il suffit de donner quelques grandes lignes de ce développement pour comprendre mon raisonnement. Le premier point se réfère à un ordre de temps assez différent du développement criminel et de celui de la préoccupation publique et politique. Il est vrai, qu'en Allemagne après la guerre, la criminalité a également doublé, et plus encore, que parallèlement les taux d'élucidation ont baissé, mais le niveau élevé a été atteint au début des années 1980. La décennie qui s'ensuivit, a été caractérisée par une situation criminelle stable et constante, sinon par une baisse du crime.

Le deuxième point concerne l'impact de la réunification allemande dans le domaine du crime. Cet événement historique (1989-1990), survenu inopinément plutôt qu'attendu ou souhaité, a débouché sur une augmentation plus importante de la criminalité dans les nouveaux Länder et une augmentation légère dans les vieux Länder de sorte qu'un nivellement à l'égard du crime entre les deux parties allemandes a pris place pendant deux ou trois ans - ironiquement l'un des aspects de la vie dans les deux Allemagnes qui se sont rapprochés plus rapidement qu'on ne pensait.

Une troisième remarque, peut-être la plus significative en ce qui concerne l'interprétation théorique des données empiriques, a des rapports avec le rôle primordial que la violence criminelle joue dans tout le discours sur l'insécurité. La conviction d'une croissance permanente, menaçante et irréversible de la violence est tellement répandue et ancrée dans la conscience collective, y compris dans les rangs des scientifiques, que sa mise en cause exclut son auteur de tous les gens de bonne foi et est considérée comme un sacrilège. Sinon la quantité, au moins c'est la qualité de la violence, la brutalité de la violence qui se sont accrues ! Néanmoins et malgré tout, une vue sobre et calme, sans préjugé et non prévenue exige une opposition forte à cette supposition. A vrai dire, ce qui s'impose impérieusement plus que l'explication de la violence accrue, c'est l'analyse de l'intransigeance absolue d'une telle conviction.

Ce sont des mots forts, voire impétueux, contre le sens commun, mais qu'est-ce qui les justifie ? Je m'en tiendrai à deux mots. Quand à la fin des années 1980 une "commission indépendante" a été chargée par le gouvernement fédéral d'explorer les causes de la violence et de sa croissance et les remèdes contre cette évolution, les experts se sont trouvés confrontés par les statistiques criminelles, à une situation tout à fait contraire à celle qu'ils attendaient. Les données démontraient une diminution et non une augmentation des crimes violents. Ingénieux, comme ils étaient, ils ont fait de nécessité vertu en substituant à la violence leur propre sentiment de la violence comme variable indépendante (Schwind, Baumann, 1990).

La situation n'a pas changé depuis, la conviction pourtant persiste et continue. Qui plus est, si l'on prend un indice moins utilisé bien que très pertinent, dans la discussion de la violence, c'est-à-dire l'emploi des armes par les criminels, on ne peut pas s'empêcher de constater un déclin du niveau violent de la criminalité. H.-J. Albrecht (1995, p.176) a tout récemment, à l'occasion d'un colloque autour du système pénal des jeunes organisé par le ministère fédéral de la Justice, mis en évidence le paradoxe d'une abondance des théories de violence et d'une réalité manquante et évanescente. La violence croissante des jeunes, qui est regardée comme la plus incontestable, ne pourrait guère résister aux données empiriques, comme on l'a démontré à la base par une évaluation soigneuse des recherches empiriques les plus récentes sur le sujet à une conférence au printemps 1995 (Lamnek, 1995).

Il est vrai que ce n'est pas tout ce qu'il faut dire sur la situation objective de la criminalité. Il ne faut pas oublier les événements criminels des années récentes en Allemagne qui ont justement attiré l'attention de façon inquiétante dans le monde entier. Bien sûr, je fais allusion aux attaques criminelles contre des étrangers, notamment contre les demandeurs d'asile en Allemagne. Rostock, Hoyerswerda, Mölln, Lübeck, Remscheid sont des noms de villes qui sont connues hors d'Allemagne comme des lieux où des étrangers ont été victimes d'incendies volontaires. Ce qui est le plus inquiétant dans cette criminalité, c'est le fait qu'elle dépasse le cadre criminologique et vise une situation sociale et politique qui exige forcément un changement de l'ordre du jour scientifique.

Il reste à aborder très brièvement quelques autres points souvent soulevés dans la discussion quant à l'exigence de constituer un nouveau paradigme du contrôle pénal, la politique de sécurité. Il y a plusieurs types de crimes très différents qui ont suscité une prolifération des problèmes aigus du champ du pénal et de la sécurité. Les crimes de drogue, le crime organisé, les crimes de rue, la criminalité de masse, aussi différents soient-ils, possèdent la fâcheuse caractéristique consistant à mettre au défi tout le système pénal et la sécurité intérieure. Pour des raisons diverses le contrôle de ces crimes ainsi que celui des crimes contre les étrangers transgressent la portée des moyens pénaux et des mesures du maintien de l'ordre d'une façon incontestable de sorte que le système traditionnel de régulation pénale est réduit de plus en plus à un ordre seulement symbolique, inefficace, voire superflu.

S'y ajoute, un élément encore plus inquiétant qui joue un rôle éminent dans tout le discours préventif, spécifiquement dans la discussion américaine relative à la police de proximité. La raison d'être et l'essence centrale de la nouvelle prévention sont dévoilées à mon avis par un concept qui n'a gagné une certaine popularité que depuis quelques années[38]. Les "incivilités" sont une conception récente qui est tout à fait apte à mettre en pleine lumière les limites de la politique traditionnelle de sécurité intérieure ainsi que celles du discours politique et scientifique là-dessus. Justement mis au pluriel, le concept s'étend sur une gamme de situations si vaste, d'événements et de comportements et d'actions sociales que celles-ci échappent aux méthodes en

---

[38] Voy. le dialogue entre Ph. Robert et S. Roché (1995) sur les problèmes pour définir et maîtriser l'insécurité dans les sociétés modernes.

usage pour les régler et pour les représenter d'une manière scientifique[39].

Le problème central qui se pose également pour la politique comme pour l'analyse scientifique, c'est que le concept d'"incivilités" qui (soit dit en passant, en son sens criminologique ne dérive pas de l'œuvre de N. Elias) est un concept collectif ou agrégé qui perd sa pleine signification en essayant de le décomposer. C'est pourquoi un dispositif de contrôle pénal ou, plus généralement, de sécurité qui fonde ses modes opérationnels sur un système des actes et des auteurs individualisés et particularisés, précisément décrits et définis dans les lois, a en fait bien du mal à assimiler et à intégrer les éléments divers du concept d'incivilités dans le but de les maîtriser ou de les supprimer. Au même titre, une approche scientifique qui, comme stratégie empirique et théorique, ne tolère que l'individualisme méthodologique et qui souffre d'une telle déformation professionnelle qu'elle est plus susceptible des *vérités primitives* (Mme de Staël) de la vie sociale rate en principe son effet et sa mission, en l'occurrence son but de représenter ce que le concept d'"incivilités" signifie.

De cette situation résulte une stratégie politique et scientifique qui, selon moi, est la mieux représentée par l'article, de J. Q. Wilson et G. H. Kelling sur les *fenêtres brisées*. Faute d'un procédé scientifique direct, ils font usage d'une méthode parabolique pour s'approcher de la réalité envisagée, une manœuvre qui leur permet finalement de se débarrasser d'un embarras scientifique pour se mettre à l'abri de l'opinion commune, qui devrait être, selon eux, l'origine primordiale de la définition du concept. Les auteurs s'opposent au modèle individualisé de politique de sécurité auquel ils reprochent sa faiblesse d'action. Ils souhaitent le retour d'une police plus forte, pourvue de plus d'attributions, moins contrôlée.

---

[39] Voy. également Skogan (1990) qui a essayé de faire un exposé complet et systématisé des recherches empiriques américaines là-dessus ainsi que de développer des stratégies pour mieux s'en approcher.

En termes politiques, Wilson et Kelling représentent un courant du droit qui provient du milieu de la société et dont les mesures de sécurité sont ciblées contre les fractions de la population démunies des moyens pour contribuer à une vie communautaire dont ils rêvent[40]. Leur position théorique et politique peut être comprise comme une partie essentielle de ce que constitue la nouvelle prévention. C'est justement pour cela qu'il faut s'occuper de leur raisonnement. Qui plus est, l'analyse théorique dont ils se servent mérite une considération plus réfléchie que celle que l'on trouve dans la littérature critique.

Une lecture plus critique et progressiste du cadre politique et théorique de Wilson et Kelling s'impose irrésistiblement en vue de la situation sociale au sens large des étrangers et des immigrés. On n'exagère guère en caractérisant les relations sociales entre la population indigène et les étrangers par une abondance quotidienne d'incivilités envers ces derniers ce qui constitue une réalité sociale, à la fois rarement étudiée et difficile à rendre visible par les méthodes prépondérantes dans les sciences sociales, y inclus la criminologie[41].

Ces observations nous ramènent à la situation allemande et nous permettent d'établir des rapports entre les crimes graves contre les étrangers dont nous avons fait mention *supra* et la quotidienneté des incivilités existantes contre les étrangers de toute sorte, bien que mal étudiées. Bien entendu, les conseils de prévention s'occupent rarement de ces problèmes, et les étrangers font rarement partie de ces activités.

---

[40] Leur conception de la vie communautaire et les exemples qu'ils donnent pour démontrer ce qui peut gêner et troubler une communauté ressemblent vivement au point de vue des "pathologistes sociaux" que C.W. Mills (1943) a déjà évoqué et caustiquement critiqué il y a plus d'un demi-siècle.

[41] Les recherches sur le racisme, dont celles qui s'occupent du racisme dans la police, constituent une approche dans cette direction, mais il faudrait une perspective qui permette de traduire les résultats dans un cadre criminologique. A ce propos, Wilson et Kelling font allusion au fait que leur stratégie pourrait entraîner des effets racistes, et qu'elle se prête dans certaines situations sociales à une politique de "l'épuration ethnique".

2 - Les sentiments d'insécurité ou la transgression du cadre criminologique

La digression méthodologique quant au concept d'incivilités nous a menés à un point où on s'apprête à quitter le champ objectif de la criminalité pour aborder les grands problèmes de la réalité subjective de la sécurité intérieure. La politique criminelle se trouve de plus privée de sa rationalité traditionnelle dont l'orientation fondamentale et analytique est le plus généralement basée sur l'événement factuel d'un passage à l'acte criminel. Pour autant qu'elle réussissait à poursuivre et à élucider des crimes ou à les supprimer, elle se sentait sûre d'elle pour bien effectuer ses missions. L'origine de cette orientation s'attache à l'hypothèse qu'il y a un rapport étroit entre le caractère factuel du crime et les sentiments subjectifs et les attentes de la population.

C'est cette hypothèse qui est fortement mise en cause par toute une série de recherches empiriques de divers pays, notamment par les enquêtes de victimation qui se sont établies dans les années soixante. Sa (quasi) faillite, a mis dans l'embarras les théories existantes sur les causes des sentiments d'insécurité autant que la politique criminelle employée afin de garantir la sécurité intérieure. Sans vouloir trop me mêler à ce débat, il me semble nécessaire d'ajouter quelques réflexions[42].

En me tournant, d'abord, vers la tâche scientifique pour analyser et expliquer l'inquiétude sociale et ses racines, je soutiens qu'il faut prendre comme point de départ la supposition d'une dissociation totale entre les composantes objectives et subjectives de la criminalité respectivement de la sécurité publique. Cela permettrait de déterminer et de préciser l'impact que les ordres et les institutions étatiques ou sociales et

---

[42] Les arguments principaux se trouvent clairement exposés et développés dans le débat entre Ph. Robert et S. Roché (1995), même si l'on a l'impression que les deux s'attachent toujours trop à un modèle positiviste et n'ont pas l'audace de s'en débarrasser afin d'aller au delà des limites traditionnelles.

culturelles exercent sur la manière de se représenter ses expériences et ses idées de la vie sociale. Une telle stratégie tiendrait compte du fait qu'apparemment en matière de données subjectives de l'insécurité, on est obligé de faire face à une équivoque fondamentale entre le sens commun et le sens préfixé par les règles juridiques, à savoir étatiques, voire même culturelles. Cela pourrait être une piste d'enquêtes qui pourrait s'avérer appropriée afin de déchiffrer la grande énigme des sentiments d'insécurité à laquelle la criminologie et la science politique se trouvent exposées. En tous cas, il me semble évident, que l'analyse scientifique est toujours très loin d'une solution adéquate et raisonnable de ces problèmes.

Les rapports faibles ou inexistants entre les aspects objectifs et subjectifs de la sécurité intérieure rendent le malaise plus grand pour ceux qui assument la responsabilité de la préserver ou de la rétablir au cas où elle disparaîtrait. Une dissociation des deux indicateurs peut entraîner une situation dans laquelle les outils efficaces de la lutte contre le crime n'ont aucun impact sur les sentiments d'insécurité de la population, et *vice versa*. Des effets pervers peuvent en résulter de sorte que certaines mesures politiques ont des fonctions positives sur le plan objectif de la sécurité et des fonctions négatives sur le plan subjectif. Il en résulte que la politique criminelle est marquée par une grande ambivalence et une tendance à réagir trop fortement selon la devise *toujours plus* ou bien suivre une politique de *laisser faire, laisser aller*.

Au point de vue empirique, la situation allemande est, elle aussi, caractérisée par une divergence plus ou moins accentuée à l'égard des deux indices de la sécurité. Il faut cependant noter qu'en Allemagne les enquêtes de victimation font partie intégrante de la criminologie uniquement depuis la réunification allemande[43].

---

[43] Voir Boers (1991 ; 1993) qui a fait de bons exposés sur le terrain de recherche en général et sur le développement à partir de l'unification. Autres sources importantes sont les publications de Kaiser *et al.* (1993 ; 1994 ; 1995), Bilsky *et al.* (1993a, 1993b), Boers *et al.* (1994), Kury *et al.* (1992).

Alors que les résultats généraux des enquêtes allemandes ressemblent fort à ceux que l'on connaît pour la situation internationale, un accent spécifique s'y ajoute par suite des implications criminelles de la réunification. Notons d'abord les particularités criminelles des nouveaux Länder. Il y a eu au premier plan un "taux de modernisation", en ce qui concerne les données de la statistique criminelle de la police. Sur une très courte période les taux de crime des nouveaux Länder ont atteint et même dépassé ceux des vieux Länder. Ce "rattrapage" a entraîné des sentiments d'insécurité plus forts dans les nouveaux Länder que dans les anciens.

Évidemment, il faut trouver les facteurs qui expliquent ces déviances aux règles connues. A première vue tout s'avère normal et attendu : une accélération disproportionnée des crimes entraîne une peur plus grande du crime, un parallélisme des deux lignes de développement. Je pense quand même que les apparences trompent en reflétant plus une approche scientifique et méthodologique qu'une réalité vécue. En d'autres termes, les résultats empiriques ne représentent pas la réalité prétendue, mais leur valeur n'est ancrée que dans sa "grammaire générative" (Chomsky).

A mon avis, les résultats des enquêtes de victimation, faites dans les nouveaux Länder ainsi que celles, par ailleurs, qui ont été conduites dans les autres pays ex-socialistes manquent sérieusement de critères de validité extérieure ce qui entraîne une adoption pure et simple des méthodes et des instruments empiriques des pays de l'ouest aux pays de l'est. Pour éviter une telle stratégie colonisatrice au champ criminologique et pour arriver à des résultats plus pertinents et crédibles, il faudrait remonter à la base des relations sociales qui s'expriment par les indices objectifs ou subjectifs du crime. Le cas échéant, on devrait faire une analyse empirique et critique des termes fondamentaux utilisés par nos instruments empiriques afin de comparer les usages différents qui existent dans la criminologie et la politique, d'un côté, et dans la population, de l'autre côté. Peu de réflexion suffit pour s'imaginer comment les notions de crime, de victime, d'insécurité sont entendues et conçues dans les nouveaux Länder ainsi que dans les autres pays ex-socialistes et que les catégories de crime sont employées non seulement pour décrire les relations sociales de l'intérieur mais aussi celles de l'extérieur, à savoir dans ce cas celles entre les deux Allemagnes. Pour me renvoyer à un chercheur qui à mon avis a proposé une stratégie théorique appropiée pour sortir du cul-de-sac de la réflexion sur la sécurité intérieure (pour autant qu'il s'agisse de sa représentation subjective) j'évoquerais les résultats des enquêtes de victimation concernant les nouveaux Länder à l'hypothèse de H. Lagrange (1993) selon laquelle les sentiments de l'insécurité ne reflètent pas le crime, mais donnent une forme aux phénomènes divers.

*

* *

Au lieu de tirer une conclusion exhaustive ou un bilan détaillé je souhaiterais terminer par deux remarques stratégiques, l'une en matière scientifique, l'autre en matière préventive.

La discussion de la situation allemande nous a menés à un point qui nous a contraints à passer outre les cadres théoriques et méthodologiques au sein desquels le discours traditionnel se déroule. On peut se demander cependant si le cas allemand n'est qu'une exception temporaire qui va s'insérer au cours du temps dans le modèle de l'ouest. On peut également postuler l'hypothèse contraire que le cas exceptionnel pointe une direction vers laquelle les pays normaux vont se diriger. Cela semble certes un peu fantastique et impensable, mais il est vrai que quelques traits sociaux dits "postmodernes" dont plusieurs qui ont pavé la voie de la nouvelle prévention se sont établis plus rapidement et plus facilement dans les pays en transformation que dans les pays qui fonctionnent comme modèle de cette transformation. Il n'est pas question, me semble-t-il, que l'évolution de la politique criminelle dont nous avons rendu compte mérite tant d'être reliée au discours théorique général des sciences sociales, comme ont d'ailleurs commencé à le faire certains auteurs, dont l'américain J. Simon (1993) qui a dessiné un modèle "postmoderne" du pénalisme qui pourrait rejoindre la plupart des observations faites ici[44].

Le dernier mot portera sur le thème qui a suscité cet exercice. Est-il justifié pour l'Allemagne de parler du développement d'un type de prévention qui s'écarte de la prévention traditionnelle d'une manière fondamentale et significative ? Malgré les retards que l'on peut observer en Allemagne par rapport à d'autres pays en cette matière, il n'y a pas de doute qu'elle est en train de rattraper une évolution qui a eu lieu ailleurs depuis plus de deux décennies. La situation allemande pourtant donne raison au fait que la prévention non seulement s'étend en surface, mais qu'elle se durcit aussi vis-à-vis de la grande criminalité. Les origines ou les causes de cette évolution proviennent selon moi moins d'une inadaptation des institutions pénales et de la sécurité intérieure que de changements fondamentaux des sociétés modernes qui vont au delà de la possibilité de corriger l'ancien modèle. La prévention peut être considérée à la fois comme une *contre-révolution préventive* (Villmoare, 1987) et comme un mouvement d'avant-garde, un choix entre la peste et le choléra.

---

[44] Le paradigme théorique d'une société de risque, a été constaté dans le domaine criminologique depuis longtemps (Wambach, 1983 ; Castel, 1983) sans qu'il ait exercé une influence notable sur la discussion générale.

IS CRISIS A CHANCE ?
ON REFORMING THE POLICE AND CRIMINAL JUSTICE SYSTEM IN POLAND

Lech Falandysz

Comme tous les pays précédemment communistes, la Pologne se trouve confrontée à la nécessité d'une restructuration de la société et de ses institutions. La prévention de la délinquance n'y constitue qu'un aspect particulier de la contruction d'une société de marché libérale et démocratique. On constate, à la fois, une augmentation rapide de la délinquance et de la peur du crime et une défiance envers des institutions, notamment policières, largement délégitimées. Du coup, une priorité massive est donnée aux mesures privées de sécurité plutôt qu'aux initiatives étatiques. Pour finir, l'auteur discute en détail les nombreux déficits des institutions publiques - lois, tribunaux, police... -, le manque de personnel qualifié et plus encore l'absence de crédits disponibles.

Like the other former communist countries, Poland is now faced with the need for societal and institutional restructuring. Crime prevention is only one aspect of the construction of a market economy and a democratic society. It is experiencing both a rapidly growing crime rate and fear of crime, and distrust of institutions, and of policing agencies in particular, which have been seriously delegitimized. Massive priority has therefore been given to private security measures rather than to government initiatives. Last, we find a detailed discussion of the many deficits affecting public institutions - law-making, courts, police, etc. -, the lack of qualified personnel and worse still, the lack of funds.

I - Safety and Freedom : an Antagonistic Dilemma

The unpleasant effects of Poland's regained freedom include a drop in the social feeling of safety, resulting from public opinion's belief as to a drastic rise in crime. It appears that before the new state structures are organized, freedom alone can be annoying : in such conditions, public demands for restoration of law and order and for a strict penal repression tend to increase. Interestingly enough, that same public opinion were inclined until quite recently to back the sharp criticism of the former regime's prosecution and administration of justice and the demand for a general mitigation of the penal system. It is most difficult, if at all feasible, to secure freedom and safety at the same time. The right to freedom and that to personal safety clash with each other to some extent and no means of squaring them has so far been invented in the world.

For safety, we always have to pay with our freedom, in the totalitarian and the democratic system alike. The only difference is that in the former, our personal safety can be threatened both by criminals and by state authorities. In democracy, the threat from state agencies ceases, and the fear of one's own fellow citizens grows as society is no longer submitted to total control. Since people hold both freedom and safety dear, it is the duty of a democratic state to secure for them a safe life under the conditions of freedom. In Poland's complex political and economic situation of today, this is a particularly difficult and thankless task for those now in power in the Republic. After all, they bear no blame for the present situation : at the same time, the people demand immediate improvement.

II - Sources of Insecurity

What is among the most obvious causes of the now growing sense of being threatened with crime is the total breakdown - in the conditions of freedom - of the former totalitarian system of public safety, including in particular the *disintegration of the police forces* and the related deficiency of criminal justice as a whole. We have to pay today for the many decades of the former regime's achievements in the sphere of law and order and crime control. Hundreds of thousands of people once desocialized by the prisons of People's Poland can now have their revenge on society.

Society is particularly anxious about aggressive crime. Faced with that phenomenon, the police publicly announce their helplessness resulting from the shortage of staff and specialized equipment, especially means of transport and communications. As a result of such statements, the criminals feel they can get away with everything, and the social sense of threat is augmented. The all-embracing fear of crime is also largely caused by the media. With freedom of the press, market competition and absence of censorship, at least some of the media strive to publish as many thrilling news as possible to gain the reading public. It is thus rather difficult nowadays to conceal data on crime ; such data are becoming a constant element of our everyday life as seen by public opinion.

The public are also anxious about organized crime. The mafia-type crime is becoming more and more noticeable, and the variety of criminal gangs operating in the country more and more often resort to spectacular violence. Even though this type of crime poses no direct threat to the life, health and property of the average citizen, it no doubt adds to the social fear of criminal agression and violence.

Still another important problem is the development of various forms of the new economic crime which instead of violence involves frauds and other corrupt practices. Concerned here is first and foremost the emergence of a criminal subculture in the state economy, and the companies that prey on that sector. Most of society who barely tolerate the limitations imposed by the attempts at reforming the economy, and who bear the greatest cost of such attempts, seem strongly to condemn this type of crime.

III - The Police : The Reconstruction of a Discredited Institution

The growth in crime - the common and economic crime included - which is felt by public opinion can hardly be stopped today by a proper treatment of its causes. Such causes have not even been thoroughly examined so far : but we do not need research to state with a high probability that most of them cannot be eliminated in the present conditions. Thus the duty of crime control falls entirely upon the prosecution agencies which should efficiently perform the following three basic tasks :

- early detection and recognition of area threatened with crime ;
- impeding or prevention of the actual offences ;
- effective prosecution of offenders.

It seems that in their present operation, the prosecution agencies should implement the two main and commonly accepted directives of criminal policy : one, that prevention is better than punishing, and two, that inevitability of punishment matters more than its severity. Efficient work of the police is the basic way of stopping the drop in the citizens' sense of personal safety.

To work efficiently, the police need a sufficient, well-trained and organized staff, as well as modern means of transport and communication and a computer network. It seems, however, that the most important factor to improve the efficiency of police work is a public acceptance and appreciation of that work. The present negative social attitude towards the police is a relic of the former regime where the police forces were among the arms of the ruling party together with the security service and other units of the ministry of Internal Affairs. In a society which is afraid of the authorities and official violence, a police officer might perhaps find his work easier ; but the profession as such hardly has the respect that is otherwise its due. Even today, the police are still treated with mistrust, and being an officer is often seen as an embarrassing job. Only after the *police officer's ill repute* that functions in public opinion is changed, can the staff problems of the forces cease. Admittedly, they can be mitigated somewhat through increase of the material attraction of the jobs offered and introduction of the latest technical equipment. This, however, would be difficult, and the actual effects remain uncertain. The problems with state budget are widely known, and a mere financial grant is bound to prove a wasted investment if the police fail to win society's acceptance and cooperation.

It seems necessary in this situation that the steps taken by the Cabinet of Tadeusz Mazowiecki, should be continued now : a reform of the agencies that guard public order and the citizens' safety, and of the police in particular. The changes introduced so far consisted mainly in abolition of the security service and separation of the police from the newly established Office for Protection of State, which was however done within the old structure of the ministry of Internal Affairs. Meanwhile, it seems that the step to contribute significantly to the police's improved functioning and reputation with society might be liquidation of the Ministry of Internal Affairs as such in its shape inherited from the former regime.

As shown by experience, a mere appointment of new men to head the old structures fails to yield the desired results, as the new executives get more or less involved in the functioning of the former bureaucratic mechanisms. Instead, farther-reaching structural reforms can be expected to do away with those very mechanisms : consequently, even the former staff are forced to adapt themselves to the new conditions if they want to stay on the job.

It is therefore advisable to reconsider the conception - submitted during the works on the now valid acts on the police. Office for Protection of State, and ministry of Internal Affairs - of liquidation of the department of internal affairs in its Soviet shape. What seems quite a simple step here is making the chiefs of the police and the Office for Protection of State heads of central offices, and thus members of the Cabinet subordinated directly to the Prime Minister. The minister of Internal Affairs, would retain the rest of his present competences (in particular, supervision of the frontier guard and fire-brigades as well as social and administrative matters). This way, the department of Internal Affairs would become a civilian office, its present military units transferred to the armed forces or distributed between the police. Office for Protection of State, frontier guard and fire-brigades. Separated from the ministry of Internal Affairs and granted an appropriate budget, the police would be able quicker to *get rid of its past* and attract new and valuable men. Of a great importance beside all the material and technical support for the police would be its total dissimilarity from the old formation, additionally emphasized by a new and attractive uniform. So far, one argument only has been raised against this kind of structural reform of the ministry of Internal Affairs : namely, the exorbitant cost of such an operation resulting from the fact that all units of the present department share a common technical and logistic base. Accepted on its face value for that matter, this argument has so far sufficed to stop any farther-reaching reform. Its grounds now have to be examined which seem rather doubtful as costs are inherent in all radical changes within a state. An untested financial argument should not stop important political reforms.

Irrespective of the proposed reform "at the top", changes should be initiated aiming at integration of the police forces with local communities. Reconstruction of those communities which have largely been destroyed by the totalitarian system is among the most important ways to increase the citizens' feeling of safety. The aim should thus be to reconstruct the severed interpersonal bonds and the spirit of neighbourhood based on personal acquaintance and mutual help. A real local community adds to its members' feeling of safety. Instead, isolation and the feeling of not belonging add to anxiety and make things easier for potential offenders. The totalitarian system could not tolerate the genuine and independent grassroots social life. Everything was to be steered and controlled from above, the social organizations serving as a mere extension of state control. Such were all the tenants' committees, community councils and other bodies which consequently brought discredit to all forms of community work to the extent that most people grew reluctant to get involved. Yet with the present shortage of police officers, the citizens themselves have to undertake collective actions for their own basic safety. Car park guards and other local initiatives of this kind should receive appreciation and help from the police. The various Western experiences can be used here, such as the system of mutual neighbourly help called the neighbourhood watch in the USA. On their part, the police should establish the closest possible cooperation with local communities - an idea which is also stressed and propagated in the West as the so-called community policing. The lowest ranks of the policc should be a genuine local or community police. A real *local police officer* both lives and works locally. Everybody knows him, his wife does her shopping in the local stores, and his children go to the local school. He is a specific hostage of the local community : he has to strive for respect and do his job well. Thus he should know the local problems and share them with the community instead of coming to work from outside, spending eight hours a day on the job and going back home, caring no more about the people for whom he works.

Thus already today, thc problems of functioning of the police in local communities have to be discussed in public, and experiments have to be conducted, based among others on social ideas or initiatives. The proposed reform of police work at the lowest levels can be started now, even before the structural changes can be introduced at the top. It seems, however, that social acceptance of the police - indispensable for its efficient work at the community level - can be greatly enhanced once the appropriate changes are introduced at the central level. Separation of the police from the ministry of Internal Affairs accomplished, the first and indispensable step is its decentralization : the greatest possible reduction of the volume and power of central bureaucracy in favour of district and community units. This would be the third element of an extensive police reform in Poland.

The fact should be mentioned, too, that with its complete inability to control crime and so secure the elementary feeling of safety for the citizens, the present ministry of Internal Affairs readily launches bureaucratic initiatives *that mimic activities on behalf of society*. For example, still continued today is the policy, started by the ministry as far back as 1986, of limiting the citizens's access to gas-arms and other means of self-defence. What operates here is still the old Soviet principle that society should be completely defenceless ; the excuse to apply this principle is the use of such arms by robbers. Everybody knows, though, that the robbers can easily acquire arms anyway : illicitly, without registration and the other formalities. Besides, an armed robbery is usually less dangerous for the victim than an unarmed assault where the offender tends severely to beat the person he is about to rob. Admittedly, the people have not yet learned the proper use of the means of defence - yet this is precisely what the police should teach them instead of tightening its bureaucratic control. But the latter solution is easier, safer and involves no effort on part of the police. Thus some of the communist habits still persist that were once developed in the days when the work of guardians of the law, order and security was nice and easy and offered privileges. In a democratic country, instead, it is a hard and dangerous job, the sole reward for a police officer being often nothing but appreciation and respect on the part of his associates.

IV - The Reconstruction of the Other Elements of the Criminal Justice System : Courts, Advocacy and the Laws

Parallel to reform of the police which plays the major part in the sphere of public order and safety, efforts should be made to secure competent and efficient functioning of the entire broadly conceived machine of criminal justice. Throughout their history in People's Poland, the so-called transgression boards, now a relic of the communist system, were in fact as special auxiliary courts which served the needs of the ministry of Internal Affairs and were supervised by that department. They lacked the social prestige that is normally due to courts, not just because of their obvious partiality, but also for the reason of the notorious negative selection of members of the benches and the sometimes quite embarrassingly low professional standards reflected in their decisions.

Following the recent changes when the whole of their decisions were submitted to judicial review, the boards are now on the proper road towards reform. It would be helpful at this stage to overcome the considerable reluctance of respectable citizens to become members of the boards : such people should be exhorted to decide in cases of transgressions. It seems that reform of the boards should ultimately aim at their complete incorporation in the system of courts. The future solutions should be discussed in public, as there are in the world different approaches to responsibility for transgressions. With the existing judicial review of transgression boards, a considerable success would be scored if the right persons were encouraged to sit on the boards. The resulting growth in prestige of those bodies would add to the citizens' feeling of safety.

The public prosecutor's office still fails to function properly despite the reform. Admittedly, the former Soviet model of the office has been changed radically to approximate one that would meet the requirements of state ruled by law : it appears, however, that subordination of the office to the Minister of Justice offers in itself no guarantee of a competent and efficient functioning of the agencies of that office. The public procesutor's office now struggles against a serious *shortage of staff* which greatly impedes or even totally stops its activity. In this situation, the idea of repeated verification of the prosecutors should be abandoned as this would only result in aggravation of the existing problems. Instead, efforts should rather be made to attract young new prosecutors who would soon shift the staff of the former regime to the background and render them harmless. Also necessary are further structural changes. Among other things, the General Public Prosecutor's Office should be made a supervisory agency only and deprived of the competence to conduct proceedings on its own ; at the same time, the staff and competences of provincial offices should be extended. Increased efficiency of the public prosecutor's office is a most important factor which may result in improvement in the sphere of public order and safety. It has to be achieved promptly, irrespective of the police reform. Today, the two basic prosecution agencies - the police and public prosecutor's office alike - are glaringly inefficient and unable to perform their tasks.

Also the reformed system of courts still fails to function properly. Despite the judges genuine independence and largely improved material standing, some symptoms of the former substantial and organizational pathology of the judiciary still persist to the extent of becoming intensified in some respects. The reform has stabilized the former staff of judges who were largely recruited by means of negative selection, particularly intense in the 1980's, and who show serious professional deficiencies. The grant to such judges of the privilege of irremovability and high wages is tantamount to petrification of a most disadvantageous situation for many years to come. What can and should be done, instead, are endeavours at removing the creeping administrative and organizational paralysis of courts.

The deteriorating work of judicial administration, together with the preserved fiscal involvement of courts, hampers the citizens's exercise of their right to resort to the law and drastically lowers the *prestige of* courts. Again, it appears that no reform can be limited to just a few radical steps and considered completed afterwards. Reform is a process which has a succession of effects that cannot be anticipated in advance but may render most difficult or even impossible the very accomplishment of the basic aims of reform. It seems that the most immediate needs of the court system include a proper, competent and efficient administration and intensified training of judges in keeping with the principles of functioning of the judiciary in the modern democratic state ruled by law. Of the two, only the reform of court administration involves financial expenditure ; there are no material barriers to changes in the training of judges. It seems obvious that no favourable effects of the basic reform of the judiciary can be expected without satisfaction of its above mentioned current needs. The aim should be to engender the interest in and a frank and critical discussion of the problems of the judiciary and administration of justice on part of the media, so as to submit the court reform to constant supervision of public opinion.

Another agency of the broadly conceived administration of justice which also faces a crisis nowadays is the Bar. Its internal problems are perhaps less strongly related to the state of public order and safety than the problems of the police, public prosecutor's office or courts. Yet there is an indirect relationship between the Bar`s situation and the quality and efficiency of criminal justice, which makes that situation also most important from the social point ofview. The high professional standards of members of the Bar should be maintained ; instead, lawyers now face the danger of their status being equalized with that of legal advisers. For many decades, the latter profession was designed to meet the needs of the communist economy which is now completely ruined. Thus legal advisers should requalify to render services to the economic subjects that operate on a free market. In this situation, their fusion with the Bar seems neither a necessary nor a reasonable solution.

The commission for penal law reform attached to the minister of Justice has recently completed its works on three new draft codes : the penal code, code of criminal procedure, and penal executory code. The question arises whether and when the codes should be passed. Before we try to answer this question, we should consider the possible *impact of the new codification* on the state of public order and safety. Public opinion still cherishes the myth, shaped under the former regime, as to the direct impact on the social reality of a severe or lenient penal code and a rigorous or liberal procedure. The communist authorities made extensive use of that myth, repeatedly increasing the repressiveness of the penal system up to the infamous episodic act. Meanwhile, the fact is quite obvious that not even the most Draconian codes can ever be applied if the police fail to detect offences and to prosecute offenders. Leaving aside the impropriety of making an example of a given individual, the actual deterrent effect of severe punishment on the few offenders who are unlucky enough to get caught is bound to be insignificant if the conditions that are conducive to crime continue, including the practically certain impunity guaranteed to most offenders. Thus there are no reasonable grounds to believe that a mere sharpening of the penal system migth improve the state of public order and safety. As far as the final shape of new penal law is concerned, it would therefore be wrong indiscriminately to surrender to the public demands for Draconian penalties.

Authors of the draft codes prepared by the commission tried to include both the Polish reality, the standards of human rights, and achievements of the Western doctrine of penal law. But should those drafts be passed as the new codes yet ?

The issue gives rise to doubts, and the present Parliament neighter can nor - so it seems - should deal with it. Moreover, the Diet and Senate will probably prove rather reluctant to approve of the drafts. One should bear it in mind that before World War II, the Polish penal code and code of criminal procedure - like many other basic legal acts (such as e.g. the code of obligations and commercial code) - were not submitted to the parliamentary procedure at all and were in fact ordinances of the President. It would be wrong to depreciate the prewar legislative experiences and blindly to follow the communist parliamentary practices, now obsolete, which made it easy to pass any bills provided they had the backing of the communist party. Thus it would perhaps be better to stop the final codification of the new Polish penal law for some more time. The changes already introduced in the law now in force should be supplemented with some further and indispensable amendments that follow from the drafts. The present commission for penal law reform dissolved, a codification commission of the Republic of Poland should be appointed, composed among other persons of the main authors of the present drafts. The new commission would appraise the drafts and decide about their further fate. There is no need to pass all the three codes simultaneously : as was the case before the War, the code of criminal procedure might well be the first to enter into force, with the penal code and penal executory code to follow at a later date.

There is no telling today what the codification commission might actually decide ; the works may just as well take longer still. There would be no harm in this situation, provided the law in force is duly amended beforehand according to the needs.

V - The Control of the Elite

To end with, a problem is worth mentioning which is not directly related to the citizens' safety but has an impact on the social perception of the state authority and order. Rather widespread in public opinion as a deplorable heritage of the communist system is the *belief as to the omnipotence* and at the same time a total impunity of members of the ruling elite who practically never bear the responsibility for their acts, crimes included. Quite often, this belief prompts people to treat democracy and the rule of law as nothing but new slogans or empty declarations. The legal system under communism, as the Party's will raised to the rank of a statute, protected the ruling elite and many a time hurt the majority of citizens. Today, in keeping with the fundamental canons of democracy, it should serve that majority and grant no privileges whatever to the new elite. Further, it seems advisable to adopt the principle that the rule of law should find its reflection with respect to those in power in the first place who should be submitted to special public supervision. It is therefore indispensable that the problem of financial transparency of political life should be settled without delay, appropriate legal rules introduced modelled after the Western solutions (e.g. the two French acts passed just two years ago). The point here is to establish the clear principles not only of financing of political parties and electoral struggle, but - first and foremost - of exposure of the material situation and income of all those who hold posts of authority, from the President to the Cabinet to the Parliament. The principle should be adopted that such posts cannot be combined with private economic activity which should be stopped for the period spent in office. Further, information about the material standing and income made public at the moment of appointment and dismissal of all members of the authorities whould constitute an important element of social control over the authority. It is in democracy only that the principle can be applied that the higher the office, the greater the responsibility of the person who takes it. Admittedly, the exercise of power always involves an actual immunity of a kind which makes it easier for the politicians as compared to the average citizens to avoid responsibility ; this is not to say, though, that the law should facilitate or even secure such evasion.

Establishment of the principles concerning the financial transparency of political life seems to be among the most urgent needs of the Polish democracy in the making. Public discussion of this problem has necessarily to start today for society to become convinced as soon as possible that there is after all a difference between the genuine rule of law and what was called socialist rule of law back in the days of People's Poland.

THE FIGHT AGAINST CRIME : FROM CRIMINAL JUSTICE TO CRIME PREVENTION

Joanna Shapland

If one hears the term 'crime prevention', what does it imply ? What image is immediately conjured up ? Would it be putting locks on valuables, or providing more guardians around on the streets to watch over neighbourhoods, or educational activities for children, or the war against drugs or against terrorists ? All these, individually, have in fact been with us for a long time as measures to be taken against crime and lawlessness. Exhibitions of locks remind us that mediaeval nobles secured their valuables in stout chests. Watchmen, and more recently the police, have been guardians of the peace and watchers against burglars - and street criminals and ruffians - since urbanisation began. The newspapers of the last century contain much homely advice about preventing crime. The State's continuing battle against marauders, outlaws and, in the last century, the import of what are considered dangerous drugs, is also of ancient origin.

As individual ideas, such notions are ancient. But, taken collectively, all these ancient ideas have clearly recently started to be put together into a new package : crime prevention. Running across the range from criminal justice remedies (used most obviously in the drugs/terrorism field) to the keeping the peace mandate of the police, crime prevention is fast becoming a significant intruder into the workload of the police. The more traditional investigation and detection is being relegated to the status of an old core business in a manufacturing company - necessary, but insufficient to meet the targets on its own. Crime prevention is also bringing new actors to centre stage : town councils and other administrative authorities, planners, private security, new professionals who coordinate specific crime prevention projects. They are now competitors with the criminal justice agencies in the fight against crime. They compete for project money from the state, for continuing budgets, for the ear of ministers.

This move from the pre-eminence of criminal justice to a more fissured response to crime, which includes crime prevention, is not just a trend to be noted by criminologists. It potentially involves a realignment of the power and prestige of the different parts of the state's administration : from the police and courts to municipal administration. It can bring new partners, such as business and private security, into closer relations with the state. Hence the agencies of the state are realigning themselves to meet these new challenges. The police may represent themselves as the 'natural' home of the new crime prevention. Traditional criminal justice agencies may emphasise the need to prevent the most serious crime (terrorism, drugs) - which they are best equipped to undertake - above the need to combat crime in residential neighbourhoods or on business premises, which arguably municipal authorities or business associations are far better placed to counteract.

In the redefinition of the state's priorities in combatting crime, we are hence seeing not just a change of emphasis on what is effective, but a political struggle between agencies.

Documenting Change

The aim of the seminars which gave birth to this volume was to attempt to document the process I have described above. It was clear that activity to combat crime was becoming increasingly diverse and involving far more agencies and individuals. Yet it seemed that different patterns might be emerging in different European countries. It was time to bring together scholars from around Europe to consider how crime prevention was being undertaken and the models of crime and prevention which were underpinning this. It was hoped to be able to create a conceptual framework and a conceptual unity which would enable the activities in each European country to be placed in some order.

The seminars themselves created a significant academic stimulus and debate. It became clear early on that the idea of prevention itself meant very different things in different countries. The conception of the task in the seminars had to change. It was less a matter of attempting to create a conceptual framework and slotting in the experience of different countries : more a significant task of explanation of how and why, in this age of harmonisation of criminal justice matters, neighbouring countries could think in such different ways about crime prevention. It was the far more exciting task of describing and explaining the process of change in significant state institutions, as what was termed crime prevention gained more sway.

The revised contributions, which appear in this volume, reflect that academic and criminological struggle : the struggle to explain change within a country and the parallel struggle to come to terms with the very different ways in which the term 'crime prevention' has been conceptualised in different countries. Without the seminars, the disparities between countries would not have been so remarked - there is little comparative literature and comment on this area. The academic shock of realising difference - so revealing different perspectives on what was thought to be the same phenomenon and allowing new theory to emerge - is probably the most valuable aspect of European seminars for scholars. Its effects are likely to reverberate in those researchers' work for some time to come.

The contributions to this volume have hence set themselves the task of describing to the reader the ways in which crime prevention has developed in the different countries and of trying to explain why it has taken the form it has. It is a difficult task. It takes time just to realise that criminological ideas and policies have changed in a country ; more time and far more intellectual energy to be able to conceptualise those changes and to understand the shifts in thinking that are becoming apparent. Yet it makes fascinating reading.

Why are There Different Conceptions of Crime Prevention ?

The contributions to the volume each necessarily cover one country. We are left with the question as to why different European countries seem to be treading such different paths in relation to crime prevention. It is difficult to find explanations as change is occurring and the following must only be regarded as preliminary indications. The possible factors have been culled from the different papers in the volume.

It seems unlikely that any difference with regard to crime prevention stems from radically different forms of crime occurring in different countries. Many European countries have experienced significant rises in property crime in the late 1980s. All are concerned about drugs - and about terrorism, though clearly the threat may come from different sources. Nor is it easy to attribute differences to different national traditions of criminal justice. Though, clearly, Anglo-American common law countries have somewhat different emphases in relation to crime prevention (particularly the focus officially on situational crime prevention in England) than continental jurisdictions, yet the differences between the continental countries are greater than those between the continental countries and England. Equally, the weight given to criminal justice forms of crime prevention (the traditional detection and punishment mode of crime prevention, or the newer surveillance and intelligence-gathering by the police and security services) varies significantly between continental countries. It would be wrong to dismiss cultural variation in criminal justice as having any explanatory power in relation to the development of crime prevention - but clearly it is far less useful than it traditionally has been in comparative European criminological analyses.

Could the differences shown in the chapters be a simple domino effect : that countries are all actually moving in the same direction, but at different speeds and with different times of onset ? This idea would postulate a uniform template for crime prevention, but different temporal courses for it, and possibly slightly different modes of implementation. There are hints that this may have some weight. Sack clearly refers to the Germans as being later in following ideas of crime prevention. The Austrian experience, similarly, is still ongoing. However, we have to bear in mind that transfer of ideas between countries is a constant phenomenon, as practitioners and policy makers meet increasingly in European fora. The adoption of new modes of implementing particular crime prevention requirements (for example, new technology, the use of police contact cards, provision of crime prevention advice to victims) is a constantly ongoing tendency. Countries take on board others' ideas, whilst colonising and adapting them to their own proclivities and circumstances.

It seems to me, however, that the domino effect idea still fails to explain the very different priorities put on different aspects of crime prevention in different countries. Why is Germany so exercised about drugs ? Why has England concentrated on burglary ? Why has France been concerned about youth ? The policy makers and practitioners in all three countries will have had access to each other's developments through the late 1980s and early 1990s. If there is a domino effect (as opposed to a taking on board of things seen as good ideas from other places), then its lag is suprisingly large.

Other papers provide hints to further explanations. One key aspect to change seems to be the advent of a minister or other key actor who has the impetus, power and energy to drive through a package of change. Clearly, this is not just a matter of a 'champion' arising (though the community development literature in both North America and the United Kingdom has clearly shown the importance of champions in creating the impetus for change). A champion in the criminal justice/crime prevention field seems only to be able to succeed if the new ideas favour certain powerful agencies and those agencies have become convinced that they can no longer carry on with the previous policies. So, for example, it is clear that the advent of contracts for crime prevention in Belgium owed much to particular ministers - but also that they favoured the police, traditionally powerful in criminal justice. A similar, earlier phenomenon was the Bonnemaison reforms in France, utilising the latent power of the cities (though the momentum of this view then fell back to a more conservative criminal justice view). It may be that a champion is a necessary catalyst for change to a new mode of conceptualising crime prevention, but not a sufficient condition for change. Many champions' attempts fail in the face of opposition from agencies and ministries.

Creating the conditions for change hence requires a champion or champions. We can learn from the UK that, if it moves into inter-agency work or new alliances, it also requires funding. Traditional agencies cannot fund outside their own budgets. New ideas requires new programmes. Normally, this has occurred initially through centrally funded initiatives - though the essence of crime prevention (except in the drugs/terrorist field) is that it needs to be delivered locally to meet local problems. The difficulty with central funding is that it necessarily has to follow national political objectives - and so is very susceptible to changes in government and the political mood. The history of crime prevention in many countries has been a series of two to three year programmes, often with little follow-through (because it is very difficult to create change in agencies' cultures and ways of working in 2-3 years). Crime prevention has moved in fits and bursts.

The dilemma between top-down political will and funding, on the one hand, and the need for local delivery and acceptance on the other, has bedevilled crime prevention in many countries. The (temporary) political solutions have also had to take into account the skirmishing between agencies, the power balance between which may be different at governmental level than at local level. We can see here two further explanations for differences in conceptions of crime prevention in different countries. One is the way in which power is distributed between national and local entitities. The other is the different mandates and conceptions of agencies between countries. The most well-known example of this latter is the police, who have very different tasks and modes of delivery in different countries. The delivery of social services/social work support to offenders also varies, however, though this is less well documented. It will be equally important to the development of social crime prevention projects working with offenders.

I referred above to the likelihood that the amount of crime itself is unlikely to provide much of an explanation for differences in conceptions of crime prevention. There are, however, likely to be significant differences in country's perceptions of which types of crime it is most important at that moment to prevent : the priorities for crime prevention. Note that these perceptions may bear little relation to the actual amounts of victimisation (as revealed by victim surveys) or the amounts of recorded crime. They may bear far more relation to the general public mood/media campaigns, or the views of policy makers and particularly politicians. At one point in time, one country has been concerned with 'petty' crime (street crime and crime in residential neighbourhoods), another with terrorism, another with drugs, and a fourth with measures against drinking and driving. Each priority of course demands different strategies of crime prevention. Each involves different agencies. Each conveys a different image of crime prevention.

Considering the papers in this volume and having had the major benefit of participating in the seminars, the strong impression that is coming across to me, in relation to these differences across Europe, is the growing politicisation of concepts of dealing with crime and, in particular, crime prevention. Priorities, funding, champions - all have political overtones. If crime prevention is thus becoming a political arena, it will clearly also have ideological connotations. In this may lie some of the answer to the difficulties of explaining the lack of a common project for crime prevention across Europe. The programmes set up to deliver ideological objectives can of course be evaluated using social science techniques. The ideological objectives themselves can often not be so rationally judged. If crime prevention is tied up intrinsically with a society's idea of what is crime and what it, ideologically, feels it needs to do to combat crime, then there will not be a uniform project of crime prevention across Europe until and unless there is a pan-European ideological unity.

Criminologists and Crime Prevention

Allied to this questioning of countries' views about crime prevention, we also need to turn to the puzzle of why criminologists have been so slow to research and explore crime prevention. Crime prevention activity is almost as old as human society. People have been protecting their property, individually and collectively, for a long time. Yet it has only become a subject for serious criminological research relatively recently. Here again there are differences between countries in the move to explain, comment upon, evaluate and theorise about changes in crime prevention. A fascinating undercurrent of the chapters in this volume is the commentary they provide of the extent to which criminologists have become interested. For some countries, the chapters provide one of the first accounts and attempts at explanation of the changes in crime prevention. That in itself is one of the major benefits of such a cross-European exercise.

BIBLIOGRAPHIE

Albrecht, H.-J., Bilan des connaissances en République Fédérale d'Allemagne, *in* **R**obert, Ph. Ed., *Les politiques de prévention de la délinquance à l'aune de la recherche ; un bilan international*, Paris, L'Harmattan, 1991, 43-55.

Albrecht, H.-J., Wird dic Jugcnd immer gewalttätiger ? *Das Jugendkriminalrecht als Erfüllungsgehilfe gesellschaftlicher Erwartungen ?* Eine Dokumentation des Bundesministeriums der Justiz, Bonn, Forum Verlag, 1995, 160-177.

Albrecht, P.-A., *Perspektiven und Grenzen polizeilicher Kriminalprävention. Diversionsmodelle aus den USA in der Sicht deutscher Instanzenvertreter*, Ebelsbach, Verlag Rolf Gremer, 1983.

Albrecht, P.-A., **B**ackes, O. Eds, *Crime Prevention and Intervention. Legal and Ethical Problems*, Berlin, New York, Walter de Gruyter, 1989.

Albrecht, P.-A., Prävention als problematische Zielbestimmung des Kriminaljustizsystems, *Kritische Vierteljahresschrift für Gesetzgebung und Rechtswissenschaft*, 1986, 69, 1, 55-82.

Albrecht, P.-A., Das Strafrecht auf dem Weg vom liberalen Rechtsstaat zum sozialen Interventionsstaat. Entwicklungstendenzen des materiellen Strafrechts, *Kritische Vierteljahresschrift für Gesetzgebung und Rechtswissenschaft*, 1988, 71, 2, 182-209.

Aly, G., **H**eim, S., *Vordenker der Vernichtung. Auschwitz und die deutschen Pläne für eine neue europäische Ordnung*, Hamburg, Hoffmann und Campe, 1991.

Ariès, Ph., *L'enfant et la vie familiale sous l'Ancien Régime*, Paris, Seuil, 1973.

Austin, C., *The Prevention of Robbery at Building Society Branches*, Home Office Crime Prevention Paper 14, London, Home Office Crime Prevention Unit, 1988.

Bayley, D.H., A New Vision of Policing. *Crime Prevention and Control in the United States and Japan*, New York, Dobbs Ferry, 1990, 77-83.

Bayley, D.H., *Police for the Future*, New York et Oxford, Oxford University Press, 1994.

Beitien, M., Polizei überfordert, Privatfirma steigt ein, *Schweriner Volkszeitung - Zeitung für die Landeshauptstadt*, 9.11.1991, 15.

Bennett, T., *Evaluating Neighbourhood Watch*, Aldershot, Gower, 1990.

Berkmoes, H., Politionele preventie : een halte naar bestuurlijke preventie ? (La prévention policière : une halte vers une prévention administrative ?), *in* **E**liaerts, C., **E**nhus, E., **S**enden, R. Eds, *Politie in beweging. Bijdrage tot de discussie over de politie van morgen*, Antwerpen/Arnhem Kluwer/Gouda Quint, 1990, 111-118.

Berlit, U., **D**reier, H., Die legislative Auseinandersetzung mit dem Terrorismus, *in* **S**ack, F., **S**teinert, H. Eds, *Protest und Reaktion*, Opladen, Westdeutscher Verlag, 1984, 227-318.

Bilsky, W., **P**feiffer, C., **W**etzels, P. Eds, *Fear of crime and criminal victimization. Interdisziplinäre Beiträge zur kriminologischen Forschung, Neue Folge*, Bd. 3, Stuttgart, Enke Verlag, 1993a.

Bilsky, W., **M**ecklenburg, E., **P**feiffer, C., **W**etzels, P., *Kriminalitätsfurcht und kriminelle Viktimisierung im Leben älterer Menschen in den alten und neuen Bundesländern.* KFN-Forschungsberichte, Hannover, Kriminologisches Forschungsinstitut Niedersachsen, 1993b.

Boers, K., *Kriminalitätsfurcht. Über den Entstehungszusammenhang und die Folgen eines sozialen Problems*, Pfaffenweiler, Centaurus Verlagsgesellschat, 1991.

Boers, K., **E**wald, U., **K**erner, H.-J., **L**autsch, E., **S**essar, K. Eds, *Sozialer Umbruch und Kriminalität in Deutschland, Mittel- und Osteuropa. Schriftenreihe der kriminologischen Forschungsstelle Berlin*, Bd. II/1, Bonn, Forum Verlag, 1994.

Boers, K., Kriminalitätsfurcht. Ein Beitrag zum Verständnis eines sozialen Problems, *Monatsschrift für Kriminologie und Strafrechtsreform*, 1993, 76, 65-82.
Bonnemaison, G., *Face à la délinquance : prévention, répression, solidarité*, Paris, La Documentation Française, 1982.
Bottoms, A.E., **W**iles, P., Crime and housing policy : a framework for crime prevention analysis, *in* **H**ope, T., **S**haw, M. Eds, *Communities and Crime Reduction*, London, HMSO, 1988.
Bottoms, A.E., Crime Prevention Facing the 1990s, *Policing and Society*, 1990, I, 3-22.
Boutellier, H., *De morele betekenis van criminaliteit in een postmoderne cultuur*, Amsterdam, Sun, 1993.
Brodeur, J.-P., Police et sécurité en Amérique du Nord : bilan des recherches récentes, *Les Cahiers de la sécurité intérieure*, Paris, Institut des Hautes Etudes de la Sécurité Intérieure, La Documentation Française, 1989.
Brodeur, J.-P., Policer l'apparence, *Revue canadienne de criminologie*, 1991, 33, 3-4, 285-332.
Bundeskriminalamt Ed., *Vorbeugende Verbrechensbekämpfung*, Wiesbaden, 1964.
Bundeskriminalamt Ed., *Polizei und Prävention*, Wiesbaden, 1976.
Bundeskriminalamt Ed., Kriminalpolizeiliche Beratung, BKA-Schriftenreihe Band 47, Wiesbaden, 1978.
Burrows, J., *Retail Crime : Prevention Through Crime Analysis*, Home Office Crime Prevention Unit Paper 11, London, Home Office Crime Prevention Unit, 1988.
Burrows, J., *Making Crime Prevention Pay : Initiatives From Business*, Crime Prevention Unit Paper 27, London, Home Office Crime Prevention Unit, 1991.
Busch, H., **F**unk, A., **N**arr, W.D., **W**erkentin, F., *Eine neue Polizeipolitik. Kriterien & Konzepte*, Bonn, Ed."Die Grünen", Bonn, Selbstverlag, Colmannstr. 36, 5300 Bonn 1, 1990.
Busch, H., **W**erkentin, F., Linke Bilder vom Leviathan, Kurz vor Neunzehnhundertvierundachtzig, *Argument-Sonderheft*, Berlin, 1984, 105, 19-40.

Canadian **J**ournal **O**f **C**riminology / Revue canadienne de criminologie, Preventing Crime : Current Issues and Debates, 1990, 32, 1.
Canadian **J**ournal **O**f **C**riminology / Revue canadienne de criminologie, Special Issue on Policing and Society, 1991, 33, 3/4.
Carlier, F., De buurtobservatieactie : een politioneel preventieve reactie op de elitaire technopreventie te Gent (L'action d'observation de quartier : une réaction de prévention policière à une prévention technique élitiste à Gand), *in* **E**liaerts, C., **E**nhus, E., **S**enden, R. *Eds*, *Politie in beweging. Bijdrage tot de discussie over de politie van morgen*, Antwerpen/Arnhem Kluwer/Gouda Quint, 1990, 89-110.
Casman, M. T., **C**oster, F., **K**ellens, G., **L**emaître, A., *Prévention intégrée de la criminalité : suivi de quatre projets*, Liège, Service de criminologie, 1993.
Castel, R., Von der Gefährlichkeit zum Risiko, in Wambach, M.M. Ed., *Der Mensch als Risiko. Zur Logik von Prävention und Früherkennung*, Frankfurt a.M., Suhrkamp Verlag, 1983, 51-74.
CBI/Crime Concern, *Crime - Managing The Risk Business*, A joint CBI/Crime Concern Working Group Report, 1990.
Chevalier, G., Administrations de mission et luttes d'influence, *Revue française de sociologie*, 1990, XXX, 1-3.
Clarke, R.V.G., **G**ladstone, F.J., **S**turman, A., **W**ilson, S., *Tackling Vandalism*, Home Office Research Studies 47, London, HMSO, 1978.
Clarke, R.V.G., **M**ayhew, P., *Designing Out Crime*, London, Home Office Research Unit, 1980.
Clarke, R.V.G., **H**ough, M., *Crime And Police Effectiveness*, Home Office Research Study 79, London, HMSO, 1984.
Clarke, R. V.G., **C**ornish, D., *The Reasoning Criminal*, Berlin New York, Springer Verlag, 1986.
Clarke, R. V. G., Ed., *Situational crime prevention : Successful Case Studies*, New York, Harrow and Heston, 1992.
Clarke, R. V.G., Situational Crime Prevention : Its Theoretical Basis and Practical Scope, in, Tonry, M., Morris, N. Eds, *Crime*

and Justice : An Annual Review of Research, Vol.4, Chicago, Chicago University Press, 1983, 225-256.
Cock, B. (de), Grané, J., *in* Liégeois, J.P. Ed., *Idéologie et pratique du travail social de prévention*, Toulouse, Privat, 1977.
CNV, *Bilan des 64 propositions du Rapport de la commission des maires sur la sécurité 1982-1992*, Paris, 1992, 36.
CODRA, *Diagnostic du contrat d'agglomération de Lille-Roubaix-Tourcoing-Villeneuve d'Ascq et de la CUDL*, Avril 1990.
Coleman, A., Disposition and Situation : Two Sides of the Same Crime, *in* Evans, D.J., Herbert, D.T. Eds, The Geography Of Crime, London, Routledge, 1989.
Crawford, A., The Spirit of Community : Rights, Responsibilities, and the Communitarian Agenda, *Journal of Law and Society*, 1996, Vol. 23/2, 247-262
Curtis, L.A. Ed., Policies to Prevent Crime : Neighborhood, Family, and Employment Strategies, *Annals of the American Academy of Political and Social Science*, 1987, 494, 9-18.
Delarue, J. M., *La relégation*, Rapport au ministre d'Etat, ministre de la Ville et de l'Aménagement du Territoire, Paris, Editions Syros, 1991.
Deligny, F., *Graine de crapule, conseils aux éducateurs qui voudraient la cultiver*, Edition Victor Michon.
Deligny, F., *Vagabonds efficaces*, Petite collection Maspéro, 1975, réédition de l'ouvrage paru en 1947.
Dencker, F., Gefährlichkeitsvermutung statt Tatschuld ? Tendenzen der neueren Strafrechtsentwicklung, *Strafverteidiger*, 1988, 8, 262 et s.
Department of Transport, *Crime on the London Underground*, London, HMSO, 1986.
Dölling, D., Feltes, Th. Eds, *Community Policing : Comparative Aspects of Community Oriented Police Work. Aktuelle Beiträge zur Theorie und Praxis des "Community Policing" aus den USA, Kanada, Japan, England, Irland, Belgien, Polen, Ungarn und Deutschland* (en anglais). Empirische Polizeiforschung, Bd. 8 (éd. p. Th. Feltes et H.-J. Kerner), Holzkirchen/Obb., Felix Verlag, 1993.

Donnelly, P.G., Book Review Essay-Alternative Perspectives on Crime and Crime Prevention : The Wilson-Currie Debate, *Justice Quarterly*, 1989, 6, 3, 457-466.

Dorfner, M., *Das kriminalpolizeiliche Vorbeugungs- programm*, Conférence non publiée, 1990.

Dubet, F., *La galère*, Paris, Fayard, 1987.

Dubouchet, L., *Les opérations prévention-été*, Aix-en-Provence, Collège coopératif Provence-Alpes-Méditerranée, 1990.

Duprez, D., *Prévention de la délinquance et protection judiciaire de la jeunesse*, rapport de recherche pour le Conseil de la recherche du ministère de la Justice, Lille, CLERSE, 1987.

Duprez, D., Hedli, M., *Le mal des banlieues ? Sentiment d'insécurité et crise identitaire*, Paris, Editions l'Harmattan, Collection Logiques Sociales, 1992.

Duprez, D., Les enjeux des réorientations des politiques de prévention d'aujourd'hui, *Correspondance municipale*, 1986, 3-4, 226-227.

Eck, J.E., Rosenbaum, D.P., The New Police Order : Effectiveness, Equity, Efficiency in Community Policing, *in* Rosenbaum, D.P. Ed., *The Challenge of Community Policing*, Thousand Oaks, London, New Delhi, Sage, 1994, 3-23.

Ekblom, P., *The Prevention of Shop Theft : An Approach Through Crime Analysis*, Home Office Crime Prevention Unit Paper 5, London, Home Office Crime Prevention Unit, 1986.

Ekblom, P., *High Crime Areas, Crime Surveys And Evaluation : The Safer Cities Programme*, Paper given at the British Criminology Conference, 1991.

Ekblom, P., Simon, F., *Crime and Racial Harassment in Asian-Run Small Shops : The Scope for Prevention*, Home Office Crime Prevention Unit Paper 15, London, Home Office Crime Prevention Unit, 1988.

Ely, P., Stanley, Ch., *The French Alternative, Delinquency Prevention and Child Protection in France*, London, NACRO, 1990.

Evans, D.J., Herbert, D.T. Eds, *The Geography of Crime*, London, Routledge, 1989.

Feltes, Th., Ed., *Kommunale Kriminalprävention in Baden-Württemberg. Erste Ergebnisse der wissenschaftlichen Begleitung von drei Pilotprojekten*, Holzkirchen/Obb., Felix Verlag, 1995.
Finkel, R., Kriminalitätsverhütung als gesamtgesellschaftliche Aufgabe. Kommunale Präventionsräte als kriminalpolitisches Konzept am Beispiel Schleswig-Holsteins, *in* **G**össner, R. Ed., *Mythos Sicherheit. Der hilflose Schrei nach dem starken Staat*, Baden-Baden, Nomos Verlagsgesellschaft, 1995, 415-427.
Forrester, D., **C**hatterton, M., **P**ease, K., *The Kirkholt Burglary Prevention Project*, Rochdale, Home Office Crime Prevention Unit Paper 13, London, Home Office Crime Prevention Unit, 1988.
Forrester, D., **F**renz, S., **O'C**onnell, M., **P**ease, K., *The Kirkholt Burglary Prevention Project :* phase II, Home Office Crime Prevention Unit Paper 23, London, Home Office Crime Prevention Unit, 1990.
Gladstone, F.J., *Co-Ordinating Crime Prevention Efforts*, Home Office Research Study 62, London, Home Office Crime Policy Planning Unit, 1980.
Goldstein, H., Improving Policing : A Problem-Oriented Approach, *Crime and Delinquency*, 1979, 25, 236-258.
Goldstein, H., *Problem-Oriented Policing*, Philadelphia, Temple University Press, 1990.
Gössner, R. Ed., *Mythos Sicherheit. Der hilflose Schrei nach dem starken Staat*, Baden-Baden, Nomos Verlagsgesellschaft, 1995.
Greene, J.P., **M**astrofski, St.D., *Community Policing, Rhetoric or Reality*, New York *et al*., Praeger, 1988.
Hassemer, W., Innere Sicherheit im Rechtsstaat, *Strafverteidiger*, 1993, 12, 664-670.
Heal, K., **L**aycock, G. Eds, *Situational Crime Prevention : From Theory Into Practice*, London, HMSO, 1986.
Heal, K., **L**aycock, G., *Preventing Juvenile Crime : the Staffordshire Experience*, Home Office Crime Prevention Unit Paper 8, London, Home Office Crime Prevention Unit, 1987.
Hebberecht, P., **P**hilippeth, K., *De organisatie van lokale*

projecten ter preventie van criminaliteit (L'organisation des projets de prévention locale de la criminalité), Gent, Onderzoeksgroep Criminologie, 1993.

Hebberecht, P., Doize, M., *Evaluatiestudie van de werking van de preventieambtenaren en preventieraden* (Etude d'évaluation du fonctionnement des fonctionnaires de prévention et les conseils de prévention), Gent, Onderzoeksgroep Criminologie, 1995.

Hebberecht, P., Het Belgisch politioneel preventiebeleid (La politique de prévention policière en Belgique), *in* Eliaerts, C., Enhus, E., Senden, R. *Eds*, *Politie in beweging. Bijdrage tot de discussie over de politie van morgen*, Antwerpen/Arnhem Kluwer/Gouda Quint, 1990, 81-88.

Hebberecht, P., Kritische kanttekeningen bij het Belgisch beleeid ter preventie van criminaliteit (Réflexions critiques sur la politique belge de prévention de la criminalité), *Panopticon*, 1988, 5, 449-456.

Herold, H., *Polizeiliche Informationsverarbeitung als Basis der Prävention. Kriminologische Schriftenreihe*, Bd. 67, Heidelberg und Hamburg, 1977.

Herold, H., Herold gegen alle - Gespräch mit dem Präsidenten des Bundeskriminalamtes. Entrevue de S. Cobler, *Transatlantik*, 1980, 11, 29-40.

Hill, N., *Prepayment Coin Meters : A Target for Burglary*, Home Office Crime Prevention Papers 6, London, Home Office Crime Prevention Unit, 1986.

Hirsch, J., *Der Sicherheitsstaat - Das "Modell Deutschland", seine Krise und die neuen sozialen Bewegungen*, Frankfurt a.M, 1980.

Hoger Politie-Instituut, *De preventie van criminaliteit* (La prévention de la criminalité), Brussel, Ministerie van Binnenlandse Zaken, 1985a.

Hoger Politie-Instituut, *De taak van de politie in het voorkomen van criminaliteit* (La tâche de la police dans la prévention de la criminalité), Brussel, Ministerie van Binnenlandse Zaken, 1985b.

Home Office, *Department of Education and Science, Department of the Environment, Department of Health and Social Security, and Welsh Office, Crime Prevention*, London, Home Office, 1984.

Home **O**ffice, *Practical Ways to Crack Crime : the Handbook*, London, Home Office, 1991.

Home **O**ffice **R**esearch and **S**tatistic **D**epartment, *Home Office Statistical Bulletin*, 16 December 1991.

Home **O**ffice **S**tanding **C**onference on **C**rime **P**revention, *Report on the Working Party on Car Security*, London, HMSO, 1986.

Home **O**ffice **S**tanding **C**onference on **C**rime **P**revention, *Report of the Working Group on Juvenile Crime*, London, HMSO, 1987.

Home **O**ffice **S**tanding **C**onference on **C**rime **P**revention, *Report of the Working Group on the Costs Of Crime*, London, HMSO, 1988.

Home **O**ffice **S**tanding **C**onference on **C**rime **P**revention, *Report of the Working Party on the Prevention Of Arson*, London, HMSO, 1988.

Home **O**ffice **S**tanding **C**onference on **C**rime **P**revention, *Safer Communities : The Local Delivery of Crime Prevention Through the Partnership Approach*, London, HMSO, 1991.

Hope, T., School Design and Burglary, *in* **H**eal, K., **L**aycock, G. Eds, *Situational Crime Prevention : from Theory into Practice*, London, HMSO, 1986.

Hope, T., **S**haw, M. Eds, *Community and Crime Reduction*, London, HMSO, 1988.

Hough, M., **M**ayhew, P., *The British Crime Survey : First Report*, Home Office Research Studies 76, London, HMSO, 1983.

Hough, M., **M**ayhew, P., *Taking Account of Crime : Key Findings From the 1984 British Crime Survey*, Home Office Research Studies 85, London, HMSO, 1985.

Hübner, K., Berliner Modell polizeilicher Prävention, *Polizei und Prävention,* Wiesbaden, BKA, 1976, 51-58.

Husain, S., *Neighbourhood Watch in England and Wales : A Locational Analysis*, Home Office Crime Prevention Paper 12, London, Home Office Crime Prevention Unit, 1988.

Ion, J., *Le travail social à l'épreuve du territoire*, Toulouse, Privat, 1990.

Ion, J., La fin des petits clercs, *in* **D**onzelot, J. Ed., *Face à l'exclusion*, Paris, Editions Esprit, Série Société, 1991, 94-118.

Jazouli, A., *Banlieues : nouvelles frontières intérieures*, Paris, Banlieuscopie, 1992.
Jefferson, T., Shapland, J., Criminal Justice, Criminology and the Production of Order and Control : Trends in Research and Policy Since 1980 in the UK, *in* Robert, Ph., Van Outrive, L. Eds, *Crime et justice en Europe*, Paris, L'Harmattan, 1993, 169-208.
Jeffery, C.R., *Crime Prevention through Environmental Design*, 2nd Ed., Beverly Hills, Sage, 1977.
Jobert, B., L'Etat en action. L'apport des politiques publiques, *Revue française de sciences politiques*, 1985, 4, 654-682.
Johnston, L., *Policing in Late Modern Societies.* Conférence donnée au "Colloque sur l'évaluation de la performance policière", 2-4 Novembre à Montréal, organisé par le "Centre international de criminologie comparée" de l'Université de Montréal (sous presse) conférence à Montréal, 1995.
Johnston, V., Leek, M., Shapland, J., Wiles, P., *Crimes and Other Problems on Industrial Estates*, Sheffield, Faculty of Law, 1990.
Kaiser, G., Jehle, H.M. Eds, *Politisch-gesellschaftlicher Umbruch, Kriminalität, Strafrectspflege, Neue Kriminologische Schriftenreihe*, Bd. 101, Heidelberg, Kriminalistik Verlag, 1993.
Kaiser, G., Jehle, H.M. Eds, *Kriminologische Opferforschung, Tb.I : Neue Perspektiven und Erkenntnisse*, Heidelberg, Kriminalistik Verlag, 1994.
Kaiser, G., Jehle, H.M. Eds, *Kriminologische Opferforschung, Tb. II : Verbrechensfurcht und Opferwerdung - Individualopfer und Verarbeitung von Opfererfahrungen*, Heidelberg, Kriminalistik Verlag, 1995.
Kappeler, V.E. Ed., *The Police and Society*, Touchstone Readings, Prospect Heights, Waveland Press, 1995.
Katona, G., Ed., *Survey on Crime Prevention in Europe (Data from 27 European States)*, Strasbourg, Promoted by the Council of Europe Directorate for Legal Affairs, 1994.
Kerner, H.-J., Die Stellung der Prävention in der Kriminologie, *Polizei und Prävention*, Wiesbaden, BKA, 1976, 17-38.
King, M., *How to Make Social Crime Prevention Work : the French Experience*, London, NACRO, 1988.

Koch, K.-F., Überregionale Kriminalitätslagebilder. *Berichte des Kriminalistischen Instituts*,Wiesbaden, Bundeskriminalamt, 1988.
Koch, K.-F. Ed., Kriminalitätslagebilder, Wiesbaden, BKA, 1992.
Koetzsche, H., *Projekte der Kriminalitätsverhütung in Deutschland, Belgien, Dänemark, Frankreich, Großbritannien, Niederlande*, Dokumentationsreihe, Band 4, Rat für Kriminalitätsverhütung in Schleswig-Holstein, Kiel, 1994.
Koetzsche, H., Straftaten verhüten - aber wie ? *Kriminalistik*, 1992, 2, 121-124.
Kommission zur Untersuchung des Reformbedarfs in der niedersächsischen Polizei, Polizeireform in Niedersachsen : *Empfehluungen der Reformkommission*, Hannover 1993 (ms.)
Kreissl, R., Die Präventive Polizei - Auf dem Wege zur gläsernen Gesellschaft, *Kritische Justiz*, 1981, 4, 2, 128-139.
Kube, E., *Systematische Kriminalprävention. Ein strategisches Konzept mit praktischen Beispielen.* 2e Ed., Wiesbaden, Bundeskriminalamt, 1987.
Kube, E., **K**och, K.F., *Kriminalprävention. Lehr- und Studienbriefe Kriminologie* Nr. 3. Kriminalpolizeiliches Vorbeugungsprogramm des Bundes und der Länder, Verlag Deutsche Polizeiliteratur, 1993.
Kunz, K.-L., Vorbeugen statt verfolgen. Polizeiliche Prävention von Kriminalität - ein Konzept mit Zukunft ? *Schweizerische kriminologische Untersuchungen, Band 1*, Bern, Stuttgart, Haupt, 1987.
Kury, H. Ed., *Prävention abweichenden Verhaltens - Maßnahmen der Vorbeugung und Nachbetreuung*. Köln *et al.*, Kriminologisches Forschungsinstitut Niedersachsen, 1982.
Kury, H., **D**örmann, U., **R**ichter, H., **W**ürger, M., *Opfererfahrungen und Meinungen zur Inneren Sicherheit in Deutschland*, Wiesbaden, Bundeskriminalamt, 1992.
Lab, St.P., *Crime Prevention : Approaches, Practices, and Evaluation*, Cincinnati, Anderson Publishing Company, 1988.
Lagrange, H., La peur à la recherche du crime, *Déviance et Société*, 1993, 17, 4, 385-417.

Lamnek, S. Ed., *Jugend und Gewalt. Devianz und Kriminalität in Ost und West*, Opladen, Leske und Budrich, 1995.

Laycock, G., *Reducing Burglary : A Study of Chemist's Shops*, Home Office Crime Prevention Unit Papers 1, London, Home Office Crime Prevention Unit, 1985.

Lazerges, Ch. *et al.*, *Les publics privilégiés par les contrats d'action de prévention*, Montpellier, ERPC, 1991.

Legge, I., *Kriminologische Regionalanalyse Hamburg-Altona. Methodische Grundlagen lokaler Sicherheitsdiagnosen*, Hamburg, Landeskriminalamt, 1995.

Lehne, W., Polizei und Prävention. Auf dem Weg in den Sicherheitsstaat ? *Widersprüche*, 1987, 25, 4-58.

Leighton, B.N., Visions of Community Policing : Rhetoric and reality in Canada, *Canadian Journal of Criminology/Revue canadienne de criminologie*, 1991, July/October, 485-522.

Lerner, M., *The Belief in a Just World. A Fundamental Delusion*, N.Y., London, Plenum Press, 1980.

Levi, M., *Regulating Fraud*, London, Tavistock, Routledge, 1987.

Levi, M., *The Prevention Of Fraud*, Home Office Crime Prevention Unit Paper 17, London, Home Office Crime Prevention Unit, 1988.

Lévy, F., *Bilan/perspectives des contrats de plan de développement social des quartiers*, Paris, La Documentation Française, 1990.

Lindenberg, M., *Die Überwindung der Mauern : Das elektronische Halsband*, Hamburg, Thèse de diplôme en criminologie, 1992.

Mannheim, K., *Mensch und Gesellschaft im Zeitalter des Umbaus*, Gentner, Darmstadt, 1935.

Maxfield, M., *Fear of Crime in England and Wales*, Home Office Research Studies 78, London, HMSO, 1988.

Mayhew, P., **E**lliott, D., **D**owds, L., *The 1988 British Crime Survey*, Home Office Research Studies n° 111, London, HMSO, 1989.

Meijlaers, S., **W**algrave, L., *Projectbeschrijvingen en methodische lessen en Samen werken aan een preventief beleid*, Leuven, Onderzoeksgroep Jeugdcriminologie, 1993.

Mills, C., W., The Professional Ideology of Social Pathologists, *The American Journal of Sociology*, 1943, 49, 165-180.
Monjardet, D., Une mission sur un territoire : de la difficulté des policiers à entrer dans les politiques de prévention de la délinquance, *Bulletin, Revue du CLCJ*, 1991, 26 et s.
Moreau, P. F., *Fernand Deligny et les idéologies de l'enfance*, Paris, Retz, 1978.
Morris, T., *Crime and Criminal Justice Since 1945*, Oxford, Basil Blackwell, 1989.
Mottard, J., **H**aquin, R., *Les tueurs de Brabant. Enquête parlementaire sur la manière dont la lutte contre le banditisme et le terrorisme est organisée*, Bruxelles, Editions Complexe, 1990.
Mouhanna, Ch., *Etude sur l'expérience d'îlotage à Roubaix*, CAFI, Paris, 1991.
Nogala, D., **S**ack, F., Folgerungen für die polizeiliche Arbeit aus der Technikausstattung, *Aktuelle Methoden der Kriminaltechnik und Kriminalistik*, BKA-Arbeitstagung 1994, Bundeskriminalamt Wiesbaden 1995, 115-167.
Normandeau, A., **L**eighton, B., *Une vision de l'avenir de la police au Canada. Police défi 2000.* Document de soutien, Ottawa, Solliciteur général du Canada, 1990.
Oestreich, G., Strukturprobleme des europäischen Absolutismus, *Vierteljahresschrift für Sozail-und Wirtschaftsgeschichte*, 1968, 55, 329-347.
Offe, C., *Der Tunnel am Ende des Lichts. Erkundungen der politischen Transformation im Neuen Osten*, Frankfurt a.Main/New York, Campus Verlag, 1994.
Packer, H., *The Limits of the Criminal Sanction*, Stanford, Stanford University Press, 1996.
Painter, K., *An Evaluation of Public Lighting as a Crime Prevention Strategy : Problems of Inference and Proof*, Paper presented at the British Criminology Conference, York, 1991.
Paxton, R. O., *La France de Vichy, 1940-1944*, Paris, Editions du Seuil, 1973.
Peyre, V., **T**etard, F., Les enjeux de la prévention spécialisée : 1956-1963, *in* **B**ailleau, F. Ed., *Lectures sociologiques du travail social*, Paris, les Editions Ouvrières, 1985.

Phillips, S., **C**ochrane, R., *Crime and Nuisance in the Shopping Centre : A Case Study in Crime Prevention*, Home Office Crime Prevention Unit Paper 16, London, Home Office Crime Prevention Unit, 1988.

Polder, W., **V**an **V**laardingen, F.J.C., *Preventiestrategieen in de praktijk, een meta-evaluatie van criminaliteitspreventieprojecten*, WODC, Arnhem, Gouda Quint, 1992.

Polder, W., **B**ruinsma, G.J.N., *Integratie van Preventie, met bijdragen*, Justitiele Verkenningen, 1992, 2, 5-104.

Polizei-**F**ührungsakademie, Ed., *Gewalt in unseren Städten als Beispiel für Aufgaben der kommunalen Kriminalpolitik*, Internationales Kolloquium, 26-30 September 1988, Münster, PFA, 1988.

Polizei-**F**ührungsakademie, Ed., *Kriminalprävention - Fragen der Organisation*, Seminarschlußbericht, Münster, PFA, 1994.

Polizei-Führungsakademie, Ed., Thema heute : Kriminalprävention - Neue Wege in der Kriminalitätskontrolle. *Schriftenreihe*, Lübeck, Schmidt-Römhild, 1992, 2-3.

Poulet, I., *Les nouvelles politiques de prévention. Une nouvelle forme d'action publique ?*, Services fédéraux des affaires scientifiques, Bruxelles, 1995.

Poyner, B., *Design Against Crime*, London, Butterworth, 1983.

Ramsay, M., *Downtown Drinkers : The Perceptions and Fears of the Public in a City Centre*, Home Office Crime Prevention Unit Paper 19, London, Home Office Crime Prevention Unit, 1989.

Ramsay, M., *Lagerland Lost ? an Experiment in Keeping Drinkers Off the Street in Central Coventry and Elsewhere*, Home Office Crime Prevention Unit Paper 22, London, Home Office Crime Prevention Unit, 1990.

Reiss Jr., A.J., **T**onry, M. Eds, Communities and Crime, *Crime and Justice. A Review of Research*, Chicago et London, The University of Chicago Press, 1986.

Robert, Ph., Ed., *Les politiques de prévention de la délinquance à l'aune de la recherche ; un bilan international*, Paris, l'Harmattan, 1991.

Robert, Ph., **R**oché, S., Débat autour d'insécurité et libertés, *Les cahiers de la sécurité intérieure*, 1995, 19, 147-163.

Robinson, C.D., **S**caglion, R., The Origin and Evolution of the Police Function in Society : Notes Toward a Theory, *Law and Society Review*, 1987, 21, 109-153.
Roché, S., *Insécurité et libertés*, Paris, Editions du Seuil, Collection l'épreuve des faits, 1994.
Rock, P., Crime Reduction Initiatives on Problem Estates, *in* **H**ope, T., **S**haw, M. Eds, *Community and Crime Reduction*, London, HMSO, 1988, 99-114.
Rosenbaum, D.P. Ed., *The Challenge of Community Policing. Testing the Promises*, Thousands Oaks, London, New Delhi, Sage Publications, 1994.
Rosenbaum, D.P., Community Crime Prevention : A Review and Synthesis of the Literature, *Justice Quarterly*, 1988, 5, 3, 323-395.
Rosenbaum, D.P., The Pursuit of "Justice" in the United States : A Policy Lesson in the War on Crime and Drugs ? *Canadian Police College Journal*, 1991, 15, 4, 239-255.
Rosenthal, U., **P**op, J.J.H., *Aan de orde van de dag. Raad voor het Binnenlands Bestuur*, Den Haag, SDU Uitgeverij, 1988.
Rupprecht, R. Das kriminalpolizeiliche Vorbeugungs-programm. *Polizei und Prävention*, Wiesbaden, 1976, 59-67.
Rupprecht, R., Ed., *Polizei-Lexikon*, 2. ed. enl., Heidelberg, Kriminalistik Verlag, 1995.
Ruter, F., Drugs and the Criminal Law in the Netherlands, *in* **V**an **D**ijk, J.J.M. *Ed.*, *Criminal Law in Action - an Overview of Current Issues in Western Societies*, Arnhem, Gouda Quint, 1986, 147-166.
Sack, F., Kriminologie aus deutscher Sicht *in* **A**lbrecht, H.-J., **K**ürzinger, J. Eds, *Kriminologie in Europa - Europäische Kriminology ? Criminology in Europe - European Criminilo-gy ?*, Freiburg i. Br., 1994, 121-165.
Sack, F., Prävention - ein alter Gedanke im neuen Gewand, *in* **G**össner, R. Ed., *Mythos Sicherheit. Der hilflose Schrei nach dem starken Staat*, Baden-Baden, Nomos Verlagsgesellschaft, 1995a, 429-456.

Sack, F., **V**oss, M., **F**rehsee, D., **F**unk, A., **R**einke, H. Eds, *Privatisierung staatlicher Kontrolle : Konzepte, Befunde, Tendenzen*, Baden-Baden, Nomos, 1995b.
Sampson, A., *Lessons from a Victim Support Crime Prevention Project*, Home Office Crime Prevention Unit Paper 25, London, Home Office Crime Prevention Unit, 1991.
Sampson, A., **F**arrell, G., *Victim Support And Crime_Prevention In An Inner-City Setting*, Home Office Crime Prevention Unit Paper 21, London, Home Office Crime Prevention Unit, 1990.
Saucier, J. F., **H**oude, L. *Eds, Prévention psychosociale pour l'enfance et l'adolescence*, Montréal, Les Presses de l'Université de Montréal, 1990.
Schneider, H., **S**tock, J., *Kriminalprävention vor Ort. Möglichkeiten und Grenzen einer von Bürgern getragenen regionalen Kriminalprävention unter besonderer Würdigung der Rolle der Polizei. Zugleich ein Beitrag zur gegenwärtigen deutschen Kriminalpolitik*, Holzkirchen (Obb.), Felix Verlag, 1995.
Schwind, H.-D., **B**erckhauer, F., **S**teinhilper, G. Eds, *Präventive Kriminalpolitik. Beiträge zur ressortübergreifenden Kriminalprävention aus Forschung, Praxis und Politik*, Heidelberg, Kriminalistik Verlag, 1980.
Schwind, H.-D., **B**aumann, J. Eds, Ursachen, Prävention und Kontrolle von Gewalt. Analysen und Vorschläge der Unabhängigen Regierungskommission zur Verhinderung und Bekämpfung von Gewalt (Gewaltkommission). Vol I : *Endgutachten und Zwischengutachten der Arbeitsgruppen* ; Vol II : *Erstgutachten der Unterkommissionen* ; Vol III : *Sondergutachten (Auslandsgutachten und Ergänzungsgutachten)* ; Vol IV : *Politische Gewalt und Repression. Ergebnisse von Bevölkerungsumfragen*, Berlin, Duncker und Humblot, 1990.
Secrétariat **P**ermanent **A** **L**a **P**olitique **D**e **P**révention, Bruxelles, ministère de l'Intérieur, 1994.
Shapland, J., **V**agg, J., *Policing By The Public*, London, Routledge, 1988.
Shapland, J., **W**iles, P., *Business and Crime : A Consultation*, Swindon, Crime Concern, 1989.

Shapland, J., **W**iles, P., **W**ilcox, P., *Targeted Crime Reduction*, Sheffield, Faculty of Law, 1991.
Shapland, J., **N**uttall, C., Bilan des connaissances au Royaume-Uni, *in* **R**obert, Ph. Ed., *Les politiques de prévention de la délinquance à l'aune de la recherche*, Paris, L'Harmattan, 1991,155-169.
Shaw, E., **B**lows, A., *Crime in Britain and Neighbourhood Watch Handbook*, Croydon, Charles Knight Publishing, 1991.
Sielaff, W., Directeur de l'Office du Crime de l'Etat de Hambourg, lettre personnelle du 25 mars 1992.
Simon, J., *Poor Discipline. Parole and the Social Control of the Underclass*, Chicago, London, The University of Chicago Press, 1993.
Skogan, W.G., *Disorder And Community Decline*, Final Report to the National Institute of Justice, Evanston, Ill., Northwestern University, 1987.
Skogan, W.K., *Disorder and Decline. Crime and the Spiral of Decay in American Neighborhoods*, New York, The Free Press, 1990.
Skolnick, J.H., **B**ayley, D.H., *Community Policing : Issues and Practices Around the World*, Washington, D.C., U.S. Department of Justice, National Institute of Justice, 1988.
Slum, G., *Dading in plaats van strafrecht*, Amsterdam, University of Amsterdam, 1992.
Smith, L.J.F., **L**aycock, G., *Reducing Crime : Developing the Role of Crime Prevention Panels*, Home Office Crime Prevention Unit Paper 2, London, Home Office Crime Prevention Unit, 1985.
Solliciteur **G**énéral du **C**anada, *Une vision de l'avenir de la police au Canada, Police-défi 2000*, Document de réflexion, Ottawa, Octobre 1990.
South, N., *Policing For Profit, The Private Security Sector*, London, Sage Contemporary Criminology, 1988.
Sparrow, M.K., **M**oore, M.N., **K**ennedy, D.M., *Beyond 911, A New Era for Policing*, New York, Basic Books, 1991.
Stümper, A., Gedanken zur Schaffung einer Generaldirektion für die Innere Sicherheit (GdIS), *Kriminalistik*, 1979, 1, 1-5.

Stümper, A., Versuch einer sicherheitsanalytischen Bewertung der inneren Konfliktsituationen in unserer Zeit, *Kriminalistik*, 1981, 2, 76-79.
Stümper, A., Das strukturelle Dunkelfeld, *Kriminalistik*, 1983, 4, 222-226.
Stümper, A., Vom Flickwerk zu den künftigen polizeilichen Schwerpunktsetzungen, *Kriminalistik*, 1984a, 4, 188-212.
Stümper, A., Linie der Vernunft, *Die Polizei*, 1984b, 75, 5, 129-132.
Stümper, A., Schwind, H.-D., Berckhauer, F., Steinhilper, G. Eds, Das Kriminalpolizeiliche Vorbeugungsprogramm. *Präventive Kriminalpolitik*, Heidelberg, Kriminalistik Verlag, 1980, 269-378.
Synergie, *La prévention intégrée au niveau local*, Bruxelles, Politeia, 1995.
The Millenium Conferences, *(On)veiligheid en (on)zekerheid in de samenleving*. Dossier samengesteld door Y. Cartuyvels od vraag van de Koning Boudewijnstichting, 1995.
Tonry, M., Morris, N. Eds, Modern Policing. *Crime and Justice : A Review of Research*, Vol. 15, Chicago and London, The University of Chicago Press, 1992.
Trojanowicz, R., Bucqueroux, B., *Community Policing. A Contemporary Perspective*, Cincinnati, Anderson, 1990.
Trojanowicz, R., Bucqueroux, B., *Community Policing and the Challenge of Diversity*, Michigan State University, National Center for Community Policing, School of Criminal Justice, 1991.
Vahlenkamp, W., *Kriminalitätsvorbeugung auf kommunaler Ebene. Ergebnisse einer Städteumfrage des Bundeskriminalamtes mit Unterstützung des Deutschen Städtetages*, Wiesbaden, Bundeskriminalamt, 1989.
Van Den Broeck, T., Eliaerts, Ch., *Community Policing. Organisatieveranderingen naar de basispolitiezorg bij de gemeentepolitie*, Bruxelles, Politeia, 1994.
Van Der Wouden, R., *Evaluation of Social Innovation, Final Report*. Social and Cultural Planning Office, The Hague, Vuga, 1994.

Van **D**ijk, J.J.M., Victim Rights : a Right to Better Services or a Right to Active Participation ?, *in* **V**an **D**ijk, J.J.M. Ed., *Criminal Law in Action*, Arnhem, Gouda Quint, 1986, 356-362.
Van **O**utrive, L., **C**artuyvels, Y., **P**onsaers, P., *Les polices en Belgique*. Histoire socio-politique du système policier de 1794 à nos jours, Bruxelles, Editions Vie Ouvrière, 1991.
Van **S**waaningen, R. *et al.*, *A Decade of Criminological Research and Penal Policy in the Netherlands*, Rotterdam, Erasmus University, 1992, 13s.
Versluys, C., *Accompagnement et évaluation de projets-pilotes de prévention administrative et intégrée de la criminalité*, Bruxelles, Synergie, 1993.
Villmoare, A.H., Preventive Counterrevolution. The Ideological Response to the Sixties, *The American Behavioral Scientist*, 1987, 20, 597-616.
Waard, J.J. (de), **S**avornin **L**ohman, P.M. (de), *Preventie in buurtbeheer*, Den Haag, ministerie van Justitie, 1991.
Walklate, S., Community and Crime Prevention, *in*, **M**uncie, J., **M**c**L**aughlin, E. *Eds*, *Controlling Crime*, Milton Keynes, The Open University, 1996, 293-331.
Waller, I., *Tendances actuelles de la prévention du crime en Europe. Répercussions au Canada*, Ottawa, ministère de la Justice, 1989.
Wambach, M.M. Ed., *Der Mensch als Risiko : Zur Logik von Prävention und Früherkennung*, Frankfurt a.Main, 1983.
Weatheritt, M., *Innovations in Policing*, London, Croom Helm, 1986.
Weinberger, R.-P., *Polizeiliche Prävention durch Öffentlichkeitsarbeit. Dargestellt am Kriminalpolizeilichen Vorbeugungsprogramm in der Bundesrepublik Deutschland*, München, 1984.
Werkentin, F., Von der Fahndung zur Forschung - Polizeiliche Präventionseuphorie in den 70er Jahren. *Kriminologisches Journal*, 1985, 3, 220-227.
Weßlau, E., *Vorfeldermittlungen. Probleme der Legalisierung "vorbeugender Verbrechensbekämpfung" aus strafprozessualer Sicht*, Berlin, 1989.

Williams, H., New Trends in Policing : Back to the Future, *in* **K**usuda-**S**mick Ed., *Crime Prevention and Control in the United States and Japan*, New York, Dobbs Ferry, 1990, 53-59.
Williams, J., **D**unning, E.G., **M**urphy, P., Professional Football and Crowd Violence in England : The Case for a Community Approach, *in* **H**ope, T., **S**haw, M. Eds, *Community and Crime Reduction*, London, HMSO, 1988, 164-179.
Wilson, J.Q., *Thinking About Crime*, 2e ed. New York, Basic Books, 1983.
Wilson, J.Q., **H**errnstein, R., *Crime and Human Nature*, New York, Simon and Schuster, 1985.
Wilson, J.Q., **K**elling, G.L., Broken Windows : The Police and Neighborhood Safety, *The Atlantic Monthly*, 1982, 249, 29-38, version allemande, *Kriminologisches Journal*, 1996, 28, 2, 121-137.
Wilson, J.Q., **K**elling, G.L., Making Neighborhoods Safe, *The Atlantic Monthly*, 1989, February, 46-52.
Winkel, F.W., Politiele zichtbaardheid, onrustgevoelens en de relatie politie-publiek ; een veldexperiment, *Tijdschrift voor Criminologie*, 1986, 1, 3-12.

TABLE DES MATIERES

LES AUTEURS 5

INTRODUCTION : LES NOUVELLES FORMES DE PREVENTION EN EUROPE.............................. 7
par Patrick Hebberecht et Fritz Sack

Les différents contenus du concept de prévention........... 9
Le développement de politiques nationales de prévention 10
L'importance du niveau local.. 13
Une politique intégrée de la prévention.......................... 14
Les projets de prévention.. 15
La prévention et la recherche.. 17
D'une politique de prévention à une politique de sécurité 18
Politique de prévention et transformations économiques, sociales et politiques.. 18

INTRODUCTION : NEW FORMS OF PREVENTION IN EUROPE... 21
Patrick Hebberecht and Fritz Sack

Differing Contents of the Concept of Prevention........... 22
Development of National Prevention Policies 23
Importance of the Local Level.. 22

An Integrated Prevention Policy 27
Projects of Prevention.. 28
Prevention and Research 29
From Prevention to Security.. 30
Prevention Policies and Economic, Social and Political. 31
Transformations..

THE UNITED KINGDOM AND THE NEW PREVENTION 33
par Valerie Johnston et Joanna Shapland

The Background to Crime Prevention............................ 34

I - The Main Actors in Crime Prevention 36
1 - The Role of Central Government 36
a - Central Government as a Funder of Crime Prevention 36
b - Central Government as an Energiser of Crime Prevention 37
c - Central Governement and Research................. 39
2 - The Role of Local Government 40
3 - The Role of the Police 40
4 - Voluntary Agencies 43
5 - Multi-Agency Work 43
6 - The Private Sector 43

II - What Are the Crime Prevention Activities ? 45
1 - Target Hardening... 45
2 - Designing Out Crime... 47
3 - Mixed Situational and Social Prevention 48

4 - Multi-Agency Crime Prevention 49
5 - Offender Targetted Crime Prevention 49
6 - Victim Targetted Crime Prevention 50

III - What Has Been Achieved ? 51
1 - What Crimes ? 51
2 - Prevention Crimes, Not Criminality 53
3 - Targetting Crime Prevention 54
4 - Leadership 55
5 - Methodology 57
6 - Evaluation 58

LE MODELE FRANCAIS DE PREVENTION DE LA DELINQUANCE : LA RECHERCHE D'UN SECOND SOUFFLE 61
par Dominique Duprez

I - De l'encadrement de la jeunesse à sa prévention 62

II - L'ère des nouvelles politiques de prévention 67

III - Lignes de force et faiblesses du "modèle français" de prévention 71
1 - Du maintien de l'ordre public au "mille-feuilles" .. 72

IV - Les acteurs des politiques de prévention 76

V - La recherche d'un second souffle ? 80

NEW FORMS OF CRIME PREVENTION : THE DUTCH EXPERIENCE 83
par Jacqueline de Savornin-Lohman

I - Prevention Policy of Petty Crime 1985-1991............ 86

II - Victims of Crime as Target Group for Prevention Policy.. 90

III - Research and Reflection... 91

IV - Prevention Policy of Serious Crime 1989-1993...... 93

V - Crime Prevention and Social Policy in the Coming Years.. 96

VI - Drugpolicy.. 96

VII - Social Innovation : Autonomy to Cities................ 97

LA NOUVELLE POLITIQUE FEDERALE BELGE DE PREVENTION DE LA CRIMINALITE............. 101
par Patrick Hebberecht

I - La nouvelle prévention policière 102

II - Structure et politique nationales de prévention de la criminalité.. 107

III - Vers une politique locale, intégrée et administrative de prévention de la criminalité 110

IV - D'une politique de prévention de la criminalité à une politique de sécurité.. 114

V - D'un contrat de sécurité vers un contrat de société ... 119

VI - Quelques réflexions critiques sur la politique fédérale de prévention de la criminalité en Belgique 120

1 - Politique de prévention et politique socio-économique néo-libérale 120

2 - Le rôle dominant de la police sur la politique de prévention 121

3 - La prévention de la criminalité est principalement une prévention technique et situationnelle de victimation 123

4 - Les difficultés du développement d'une politique administrative de prévention..................................... 124

5 - L'absence de base scientifique pour la politique de prévention 127

6 - Un bilan peu encourageant de la politique de prévention 128

RUMOURS OF PREVENTION 129
par Heinz Steinert

I - Report on prevention in Austria (Concerning the State of Play in 1992) 131

1 - No prevention.. 131

2 - Prevention as Public Relations Work.................... 133

3 - More Prevention : Political Police 136
4 - Two Kinds of Prevention 137

II - The Idea of Prevention and the Critique of Instrumental Reason 140
1 - Glimpses From the History of Prevention 142
2 - The Progress of Social Exclusion 146
3 - The Idea of Prevention and Instrumental Rationality 149
4 - Theoretical Purity and the Real World 151

LA SITUATION ALLEMANDE : UN CAS UNIQUE ET EN RETARD 153
par Fritz Sack

I - L'Allemagne - cas exceptionnel et retardé 155

II - La nouvelle prévention : du vin connu dans de nouvelles bouteilles ? 159
1 - La conception traditionnelle ou classique de la prévention 160
2 - La conception nouvelle de la prévention 164

III - Les acteurs allemands de la prévention 169
1 - Les acteurs policiers centralisés 171
a - L'Office fédéral du crime (BKA) 172
b - L'Académie fédérale de gestion policière (PFA) 173
c - La Conférence permanente des ministres de l'Intérieur (IKM) 174

d - L'influence générale des institutions centralisées de la police sur la prévention........................ 174
e - Les projets réalisés et effectués au niveau fédéral.. 179
2 - Les acteurs décentralisés de la police.................. 183
a - Une situation tardive et disparate..................... 183
b - La réorganisation de la police.......................... 184
c - Conseils de prévention.................................... 185
d - Autres dispositifs de prévention 189
3 - Autres acteurs importants dans le domaine de la prévention 190
a - La classe politique et la prévention................. 190
b - L'évolution des services privés sur le terrain de la sécurité intérieure 192
c - La criminologie devant la prévention 193

IV - Quelques remarques sur les fonctions manifestes et latentes du discours préventif.. 195
1 - L'évolution de la criminalité............................... 196
2 - Les sentiments d'insécurité ou la transgression du cadre criminologique 202

IS CRISIS A CHANCE ? ON REFORMING THE POLICE AND CRIMINAL JUSTICE SYSTEM IN POLAND 207
par Lech Falandysz

I - Safety and Freedom : an Antagonistic Dilemma........ 208

II - Sources of Insecurity... 208

III - The Police : The Reconstruction of a Discredited Institution 210

IV - The Reconstruction of the Other Elements of the Criminal Justice System : Courts, Advocacy and the Laws 214

V - The Control of the Elite 219

***POST SCRIPTUM* : THE FIGHT AGAINST CRIME : FROM CRIMINAL JUSTICE TO CRIME PREVENTION**
by Joanna Shapland 221

Documenting Change 222
Why are There Different Conceptions of Crime Prevention ? 224
Criminologists and Crime Prevention 228

BIBLIOGRAPHIE 229

TABLE DES MATIERES 249

MISE EN PAGES FOURNIE

Achevé d'imprimer par Corlet, Imprimeur, S.A. - 14110 Condé-sur-Noireau (France)
N° d'Imprimeur : 22462 - Dépôt légal : février 1997 - *Imprimé en C.E.E.*